新版

中国語 さらなる一歩

竹島金吾 監修

尹 景春・竹島 毅 著

白水社

―― 音声ダウンロード ――

  付属CDと同じ内容を、白水社ホームページ（http://www.hakusuisha.co.jp/download/）からダウンロードすることができます。（お問い合わせ先：text@hakusuisha.co.jp）

表紙絵・挿絵　佐藤淳子

はじめに

　このテキストは，中国語の初級をひととおり終えた人が，さらに一歩上の段階を週1回の授業で学ぶことができるように編んだものです。従来，初級用テキストに続くものとして中級用が数多く出版されてきましたが，クラスによってはレベル的な問題から消化不良となったり，時間が足りないために全部終わらせることができなかったり，という状況があったかと思います。そのため本書はその点を考慮に入れたうえで，いわば初級から中級への橋渡し的な「準中級用テキスト」として設定し，すでに初級で学習した箇所を繰り返し復習しながら，新しいものを少しずつ学んでいけるように構成されています。

　本書の特徴としては，
  1．頻度の高い語彙・表現をできるだけ用い，暗唱しやすい短いセンテンスを盛り込んでいます。
  2．各課本文の場面設定が中国でありながら（第1課を除き），日本国内でも常用できる実用的な表現を極力取り入れています。
  3．練習問題にも重きを置き，問題数を豊富にしました。ヒアリングの面でも強化できるように配慮してあります。
  4．各課のテーマに関連したコラムによって，より興味深く学べるようにしてあります。

　なお，巻頭の「復習1・2」では，学習済みと思われる基本動詞・基本形容詞，及び基本文型をチェックできるようになっていますので，必要と思われれば，お役立てください。また，付録として，「手紙を書こう」「"中国朋友"と話そう」「重要語をマスターしよう」「単語リスト」を掲載しました。総復習の助けになるかと思います。

　今回の新版にあたっては，先生方からの貴重なご意見と，著者自身の反省をもとに，書き換えを行ないました。各課のトレーニング②を差し換えた他に，本文・ポイントなどを一部書き換えました。さらに，巻末にヒアリングと日文中訳の問題を新たに設けました。各課の復習を兼ねた内容になっていますので，さらなるステップアップを図るには最適かと思います。

　本書によって，学習者の皆さんがより一層，中国語への関心を強めていただければ幸いです。"愿大家更上一层楼！" Yuàn dàjiā gèng shàng yì céng lóu!（皆さんがより高いところを目指されることを願っています。）

2001年10月

著　者

目　　次

■ 復習 1 ── 基本動詞・基本形容詞をチェックしよう……………………… 6

■ 復習 2 ── 基本文型をチェックしよう……………………………………… 7

第 1 課　　**中国に行こう**……………………………………………………… 10
　　　　　　1．助動詞 "可以"，"要"
　　　　　　2．主述述語文
　　　　　　3．目的語が主述句のとき

第 2 課　　**ウーロン茶を飲もう**……………………………………………… 14
　　　　　　1．「原因・理由」を表わす "因为"
　　　　　　2．「逆接」を表わす "可是"
　　　　　　3．文末の助詞 "吧"，"呢"

第 3 課　　**友だちをつくろう**………………………………………………… 18
　　　　　　1．連動文
　　　　　　2．"是～的" の文
　　　　　　3．疑問詞 "怎么"

第 4 課　　**長城に登ろう**……………………………………………………… 22
　　　　　　1．"了" の 3 つの用法
　　　　　　2．副詞 "就"

第 5 課　　**漢字を覚えよう**…………………………………………………… 26
　　　　　　1．結果補語 (1)
　　　　　　2．副詞 "有点儿"
　　　　　　3．「仮定」を表わす "要是"

第 6 課　　**街を歩こう**………………………………………………………… 30
　　　　　　1．存現文
　　　　　　2．主語がフレーズのとき
　　　　　　3．"又～又～"，"一边儿～一边儿～" の用法

第 7 课　　中国映画を見よう ･････････････････････････････ 34
　　　　　　1.　「状態の持続」を表わす"着"
　　　　　　2.　副詞"再"
　　　　　　3.　部分否定

第 8 课　　シルクを買おう ･･･････････････････････････････ 38
　　　　　　1.　方向補語
　　　　　　2.　「使役」を表わす"让"
　　　　　　3.　疑問詞の不定用法

第 9 课　　中華を食べよう ･･･････････････････････････････ 42
　　　　　　1.　可能補語
　　　　　　2.　強調表現

第 10 课　　太極拳を習おう ･･･････････････････････････････ 46
　　　　　　1.　「目的」を表わす"为了"
　　　　　　2.　「推測」を表わす"会"
　　　　　　3.　"～了～了"の用法

第 11 课　　水滸伝を楽しもう ･････････････････････････････ 50
　　　　　　1.　結果補語 (2)
　　　　　　2.　「受身」を表わす"被"

第 12 课　　春節を過ごそう ･･･････････････････････････････ 54
　　　　　　1.　"快～了"の用法
　　　　　　2.　介詞"把"

手紙を書こう ･･･ 58
"中国朋友"と話そう ･･･････････････････････････････････････ 59
重要語をマスターしよう ･･･････････････････････････････････ 60
単語リスト ･･･ 63
実力アップ・トレーニング ･････････････････････････････････ 73

復習 1　基本動詞・基本形容詞をチェックしよう

■ 基本動詞

☐ 去 qù	☐ 来 lái	☐ 吃 chī	☐ 喝 hē	☐ 学 xué
☐ 听 tīng	☐ 说 shuō	☐ 念 niàn	☐ 写 xiě	☐ 看 kàn
☐ 买 mǎi	☐ 睡 shuì	☐ 走 zǒu	☐ 洗 xǐ	☐ 唱 chàng
☐ 打 dǎ	☐ 要 yào	☐ 在 zài	☐ 有 yǒu	☐ 是 shì
☐ 给 gěi	☐ 问 wèn	☐ 教 jiāo	☐ 告诉 gàosu	☐ 开始 kāishǐ
☐ 喜欢 xǐhuan	☐ 工作 gōngzuò	☐ 玩儿 wánr	☐ 休息 xiūxi	☐ 上课 shàng kè

■ 基本形容詞

☐ 大 dà	☐ 小 xiǎo	☐ 多 duō	☐ 少 shǎo	☐ 好 hǎo
☐ 早 zǎo	☐ 晚 wǎn	☐ 快 kuài	☐ 慢 màn	☐ 不错 búcuò
☐ 热 rè	☐ 冷 lěng	☐ 贵 guì	☐ 便宜 piányi	☐ 忙 máng
☐ 难 nán	☐ 容易 róngyì	☐ 好吃 hǎochī	☐ 好喝 hǎohē	☐ 高兴 gāoxìng

復習 2　基本文型をチェックしよう

1. 主述文

(1) 動詞述語文

- ☐ 我 买 书。
  Wǒ mǎi shū.
- ☐ 我 不 买 书。
  Wǒ bù mǎi shū.
- ☐ 我 有 课。
  Wǒ yǒu kè.
- ☐ 我 没 有 课。
  Wǒ méi yǒu kè.
- ☐ 我 是 学生。
  Wǒ shì xuésheng.
- ☐ 我 不 是 学生。
  Wǒ bú shì xuésheng.

(2) 形容詞述語文

- ☐ 汉语 很 难。
  Hànyǔ hěn nán.
- ☐ 汉语 不 难。
  Hànyǔ bù nán.

(3) 名詞述語文

- ☐ 今天 星期二。
  Jīntiān xīngqī'èr.
- ☐ 现在 两 点。
  Xiànzài liǎng diǎn.

2. 疑問文

(1) "吗"疑問文

- ☐ 你 买 书 吗？
  Nǐ mǎi shū ma?
- ☐ 你 有 课 吗？
  Nǐ yǒu kè ma?
- ☐ 你 是 学生 吗？
  Nǐ shì xuésheng ma?
- ☐ 汉语 难 吗？
  Hànyǔ nán ma?

(2) 反復疑問文

- ☐ 你 买 不 买 书？
  Nǐ mǎi bu mǎi shū?
- ☐ 你 有 没 有 课？
  Nǐ yǒu méi yǒu kè?
- ☐ 你 是 不 是 学生？
  Nǐ shì bu shì xuésheng?
- ☐ 汉语 难 不 难？
  Hànyǔ nán bu nán?

(3) 疑問詞疑問文

- ☐ 你 买 什么？
  Nǐ mǎi shénme?
- ☐ 你 有 什么 课？
  Nǐ yǒu shénme kè?
- ☐ 你 什么 时候 来？
  Nǐ shénme shíhou lái?
- ☐ 那 是 谁 的？
  Nà shì shéi de?
- ☐ 哪个 好？
  Něige hǎo?
- ☐ 你们 去 哪儿？
  Nǐmen qù nǎr?

- 今天 星期 几？
  Jīntiān xīngqī jǐ?
- 那个 多少 钱？
  Nèige duōshao qián?
- 这个 怎么样？
  Zhèige zěnmeyàng?
- 你 怎么 不 告诉 我？
  Nǐ zěnme bú gàosu wǒ?

(4) 省略疑問文
- 我 姓 张，你 呢？
  Wǒ xìng Zhāng, nǐ ne?

(5) 選択疑問文
- 你 要 咖啡，还是 要 红茶？
  Nǐ yào kāfēi, háishi yào hóngchá?

(6) 付加疑問文
- 我们 一起 吃 饭，怎么样？
  Wǒmen yìqǐ chī fàn, zěnmeyàng?

3. 動作の完了，過去の経験，動作の進行

(1) 動作の完了　　動詞＋了

- 我 昨天 去 了。
  Wǒ zuótiān qù le.
- 我 昨天 没(有) 去。
  Wǒ zuótiān méi(you) qù.

(2) 過去の経験　　動詞＋过

- 我 以前 去过。
  Wǒ yǐqián qùguo.
- 我 以前 没(有) 去过。
  Wǒ yǐqián méi(you) qùguo.

(3) 動作の進行　　在＋動詞（＋目的語）＋呢

- 他 在 休息 呢。
  Tā zài xiūxi ne.
- 他 没 (在) 休息。
  Tā méi (zài) xiūxi.

4. "(是)～的"の文　　（是）＋時・所・方法など＋動詞＋的（＋目的語）

- 你 (是) 什么 时候 来 的？—— 我 (是) 去年 来 的。
  Nǐ (shì) shénme shíhou lái de? Wǒ (shì) qùnián lái de.
- 你 (是) 在 哪儿 买 的 词典？—— 我 (是) 在 中国 买 的。
  Nǐ (shì) zài nǎr mǎi de cídiǎn? Wǒ (shì) zài Zhōngguó mǎi de.

5. 副詞　　主語＋副詞＋述語

- 我 也 学 汉语。
  Wǒ yě xué Hànyǔ.
- 我们 都 是 日本人。
  Wǒmen dōu shì Rìběnrén.
- 他 还 有 课。
  Tā hái yǒu kè.
- 她 常常 看 电影。
  Tā chángcháng kàn diànyǐng.
- 我 非常 高兴。
  Wǒ fēicháng gāoxìng.
- 今天 真 热。
  Jīntiān zhēn rè.

6. 助動詞

主語 ＋ 助動詞 ＋ 動詞

- ☐ 我　得　上　课。
  Wǒ　děi　shàng　kè.
- ☐ 我　想　喝　酒。
  Wǒ　xiǎng　hē　jiǔ.
- ☐ 他　能　来。
  Tā　néng　lái.
- ☐ 她　会　说　英语。
  Tā　huì　shuō　Yīngyǔ.

7. 介　詞

主語 ＋ 介詞 ＋ 名詞 ＋ 述語

- ☐ 我　在　大学　学习。
  Wǒ　zài　dàxué　xuéxí.
- ☐ 我　给　你　买　一　个。
  Wǒ　gěi　nǐ　mǎi　yí　ge.
- ☐ 电影　从　七　点　开始。
  Diànyǐng　cóng　qī　diǎn　kāishǐ.
- ☐ 我　家　离　车站　很　远。
  Wǒ　jiā　lí　chēzhàn　hěn　yuǎn.
- ☐ 我　跟　朋友　一起　去。
  Wǒ　gēn　péngyou　yìqǐ　qù.
- ☐ 汉语　比　英语　难。
  Hànyǔ　bǐ　Yīngyǔ　nán.

8. 補　語

(1) 動量補語

主語 ＋ 動詞 ＋ 動量補語（＋ 目的語）

- ☐ 请　你　写　一下。
  Qǐng　nǐ　xiě　yíxià.
- ☐ 我　去过　两　次　美国。
  Wǒ　qùguo　liǎng　cì　Měiguó.
- ☐ 我　看过　三　遍　这　本　书。
  Wǒ　kànguo　sān　biàn　zhèi　běn　shū.

(2) 時量補語

主語 ＋ 動詞 ＋ 時量補語（＋ 目的語）

- ☐ 我　学过　一　年。
  Wǒ　xuéguo　yì　nián.
- ☐ 我们　玩儿　了　两　天。
  Wǒmen　wánr　le　liǎng　tiān.
- ☐ 我们　打　了　三　个　小时　棒球。
  Wǒmen　dǎ　le　sān　ge　xiǎoshí　bàngqiú.

(3) 樣態補語

主語 ＋ 動詞 ＋ **得** ＋ 樣態補語

- ☐ 她　说得　很　好。
  Tā　shuōde　hěn　hǎo.
- ☐ 她　说得　不　好。
  Tā　shuōde　bù　hǎo.

主語（＋ 動詞）＋ 目的語 ＋ 同じ動詞 ＋ **得** ＋ 樣態補語

- ☐ 她　（说）　日语　说得　很　好。
  Tā　(shuō)　Rìyǔ　shuōde　hěn　hǎo.

第1课 中国に行こう

吉田: 小 王, 下 个 月 放假, 你 打算 干 什么?
Jítián　Xiǎo Wáng, xià ge yuè fàng jià, nǐ dǎsuan gàn shénme?

王: 我 打算 回国。你 也 一起 去, 怎么样?
Wáng　Wǒ dǎsuan huí guó. Nǐ yě yìqǐ qù, zěnmeyàng?

吉田: 太 好 了! 我 还 没 去过 中国, 很 想 去。
　　　Tài hǎo le! Wǒ hái méi qùguo Zhōngguó, hěn xiǎng qù.

王: 你 可以 住 我 哥哥 家。
　　Nǐ kěyǐ zhù wǒ gēge jiā.

吉田: 那 太 不 好意思 了!
　　　Nà tài bù hǎoyìsi le!

王: 不要 客气, 欢迎 你 去 中国!
　　Búyào kèqi, huānyíng nǐ qù Zhōngguó!

吉田: 北京 天气 怎么样?
　　　Běijīng tiānqì zěnmeyàng?

王: 比较 冷, 你 要 多 穿 衣服。
　　Bǐjiào lěng, nǐ yào duō chuān yīfu.

吉田: 去 北京, 可以 吃 烤鸭, 还 可以 看 京剧。
　　　Qù Běijīng, kěyǐ chī kǎoyā, hái kěyǐ kàn jīngjù.

王: 北京 好玩儿 的 地方 也 非常 多。
　　Běijīng hǎowánr de dìfang yě fēicháng duō.

单 語

下 xià 次の（↔ "上" shàng 前の）　放假 fàng jià 休みになる　打算 dǎsuan ～する予定である, 予定
可以 kěyǐ ～できる, ～してよい　不好意思 bù hǎoyìsi きまりが悪い, 気がひける, 気恥ずかしい
不要 búyào ～してはいけない　客气 kèqi 遠慮する, 遠慮深い　要 yào ～しなければならない
穿 chuān 着る, 履く　烤鸭 kǎoyā アヒルの丸焼き（"北京烤鸭" 北京ダック）　京剧 jīngjù 京劇
好玩儿 hǎowánr （遊んでみて）面白い

ポイント 1

1. 助動詞 "可以", "要"

〈可以〉 (1)（条件的に）～できる

那儿 可以 吃 烤鸭。　　那儿 不 能 吃 烤鸭。
Nàr kěyǐ chī kǎoyā.　　Nàr bù néng chī kǎoyā.

▶ 肯定文は "能" に置きかえられる。 否定は通常 "不能" を用いる。

(2)（許可）～してよい

这儿 可以 吸 烟。　　这儿 不 能 吸 烟。
Zhèr kěyǐ xī yān.　　Zhèr bù néng xī yān.

＊吸烟（タバコを吸う）

▶ "可以" は他に，形容詞として「よろしい」という意味でも用いる。

她 唱得 还 可以。　（彼女は歌うのはまあまあだ。）
Tā chàngde hái kěyǐ.

〈要〉（必要）～しなければならない

你 要 多 穿 衣服。　　你 不用 多 穿 衣服。
Nǐ yào duō chuān yīfu.　　Nǐ búyòng duō chuān yīfu.

▶ 肯定文は "得" děi に置きかえられる。

我 得 打 工。　　我 不用 打 工。　＊打工（アルバイトをする）
Wǒ děi dǎ gōng.　　Wǒ búyòng dǎ gōng.

▶ "不要" は「禁止」を表わす（＝"别" bié）。

你 不要 客气。　　你 别 客气。
Nǐ búyào kèqi.　　Nǐ bié kèqi.

2. 主述述語文

主語 + 述語（主語 + 述語）　　（～は…がどのようだ）

汉语 发音 很 难。　　现在 北京 天气 怎么样？
Hànyǔ fāyīn hěn nán.　　Xiànzài Běijīng tiānqì zěnmeyàng?

3. 目的語が主述句のとき

（主語）+ 動詞 + 目的語（主語 + 述語）

欢迎 你 来 日本！　　祝 你 健康！　＊祝（祈る）
Huānyíng nǐ lái Rìběn!　　Zhù nǐ jiànkāng!

トレーニング 1

1 本文中の表現を用いて，中国語で言い表わしましょう。

(1) 〔例〕去中国

(2)

(3)

(4)

2 （　）の中に適切な助動詞を選んで入れ，さらに訳しましょう。

(1) 我 不（　　）说 汉语，你（　　）教教 我 吗？
　　Wǒ bù　　　　shuō Hànyǔ, nǐ　　　　jiāojiao wǒ ma?

　　　　　　　　　　　　　　　　　　　㋐ 要　㋑ 会　㋒ 可以

(2) 北京（　　）看 京剧，你（　　）看 吗？
　　Běijīng　　　kàn jīngjù, nǐ　　　kàn ma?

　　　　　　　　　　　　　　　　　　　㋐ 想　㋑ 得　㋒ 可以

(3) 对不起，今天 我 不（　　）去。
　　Duìbuqǐ, jīntiān wǒ bù　　　qù.

　　　　　　　　　　　　　　　　　　　㋐ 要　㋑ 能　㋒ 可以

3 語を並べかえ，中国語に訳しましょう。

(1) 私は1つ欲しいのですが，よろしいですか。

　　（ 要　吗　一　个　我　可以 ）
　　　yào　ma　yī　ge　wǒ　kěyǐ

(2) 私は頭が痛いので，少し休みたい。

　　（ 头　疼　想　我　一下　休息 ）
　　　tóu　téng　xiǎng　wǒ　yíxià　xiūxi

(3) 私を見送ってくれてありがとう，またね。

　　（ 送　你　我　谢谢　再见 ）
　　　sòng　nǐ　wǒ　xièxie　zàijiàn

トレーニング 1

4 本文の内容に関して，CD の質問に答えましょう。　　　　　　　　　　　CD 5

　(1) ────────────────────────────

　(2) ────────────────────────────

　(3) ────────────────────────────

5 CD の質問に答えましょう。　　　　　　　　　　　　　　　　　　　　　CD 6

(1) 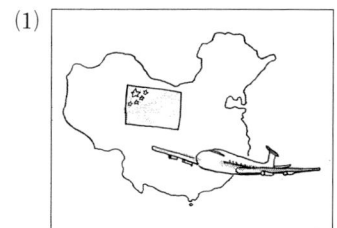　(2) 　(3)

──────────　　──────────　　──────────

ひと口メモ

　　日本の国土の25倍もの土地に，約13億人が暮らす中国。民族や言葉だけでなく，文化も習慣も日本とは大きく異なります。「百聞は一見にしかず」（"**百闻不如一见**" bǎi wén bù rú yí jiàn）の諺（"**俗语**" súyǔ）があるように，一度は隣国の大地を踏んでみてはいかがでしょうか。

　　中国の渡航には，まずパスポート（"**护照**" hùzhào）が必要。申請から取得まで1週間ほどかかります。さらに滞在期間が16日間以上であれば，ビザ（"**签证**" qiānzhèng）が必要となり，旅行社（"**旅行社**" lǚxíngshè）を通じて取得するか，大使館（"**大使馆**" dàshǐguǎn）に自ら赴くかします。

　　首都・北京（"**北京**" Běijīng），近代都市・上海（"**上海**" Shànghǎi），古都・西安（"**西安**" Xī'ān），食の都・広州（"**广州**" Guǎngzhōu），水の都・蘇州（"**苏州**" Sūzhōu），アカシアの街・大連（"**大连**" Dàlián）……　さて，あなたはどこに行きたいですか。

第2课 ウーロン茶を飲もう

王　　：请　坐，请　喝　茶！
　　　　Qǐng zuò, qǐng hē chá!

吉田：谢谢　你！……这　乌龙茶，真　好喝！
　　　　Xièxie nǐ!　　　Zhè wūlóngchá, zhēn hǎohē!

王　　：多　喝　点儿　吧。我　知道　你　喜欢　喝　茶。
　　　　Duō hē diǎnr ba. Wǒ zhīdao nǐ xǐhuan hē chá.

吉田：小　王，你　最　爱　喝　什么　茶？
　　　　Xiǎo Wáng, nǐ zuì ài hē shénme chá?

王　　：乌龙茶。每天　都　喝　五、六　杯。
　　　　Wūlóngchá. Měitiān dōu hē wǔ、liù bēi.

吉田：我　也　是。可是　花茶　不　常　喝。
　　　　Wǒ yě shì. Kěshì huāchá bù cháng hē.

王　　：为什么　不　常　喝　呢？不　喜欢　吗？
　　　　Wèishénme bù cháng hē ne? Bù xǐhuan ma?

吉田：因为　我们　日本人　在　家里　一般　不　喝　花茶。
　　　　Yīnwèi wǒmen Rìběnrén zài jiālǐ yìbān bù hē huāchá.

王　　：花茶　也　有　好　的。来，请　尝尝！
　　　　Huāchá yě yǒu hǎo de. Lái, qǐng chángchang!

吉田：真　不错！这么　香！
　　　　Zhēn búcuò! Zhème xiāng!

単語

乌龙茶 wūlóngchá ウーロン茶　　点儿 diǎnr 少し（＝"一点儿"）　　吧 ba〔ポイントの3参照〕　　知道 zhīdao 知っている（↔"不知道" bù zhīdào）　　爱 ài 好む、愛する　　可是 kěshì しかし　　花茶 huāchá ジャスミン茶などのお茶　　常 cháng 常に、よく（"不常"めったに）　　为什么 wèishénme なぜ、どうして　　呢 ne〔ポイントの3参照〕　　因为 yīnwèi なぜなら、～なので　　来 lái（人を促すときの）さあ　　尝 cháng 味わう、賞味する　　这么 zhème こんなに（↔"那么" nàme そんなに）　　香 xiāng（味や香りが）いい

ポイント 2

1. 「原因・理由」を表わす "因为"

你 为什么 不 常 喝 呢？ —— 因为 我 不 太 喜欢。
Nǐ wèishénme bù cháng hē ne? Yīnwèi wǒ bú tài xǐhuan.

我 因为 有 事, 不 能 去。 (「原因・理由」を先に述べる)
Wǒ yīnwèi yǒu shì, bù néng qù.

我 不 能 去, 因为 有 事。 (「原因・理由」を後から述べる)
Wǒ bù néng qù, yīnwèi yǒu shì.

▶ "所以" suǒyǐ (そのため) を併用することもあり,「原因・理由」をより明確にする。

因为 他们 是 北京人, 所以 爱 喝 花茶。
Yīnwèi tāmen shì Běijīngrén, suǒyǐ ài hē huāchá.

2. 「逆接」を表わす "可是"

我 想 买 汽车, 可是 没 有 钱。　　＊汽车 (車)
Wǒ xiǎng mǎi qìchē, kěshì méi yǒu qián.

这个 很 好吃, 可是 太 贵 了。
Zhèige hěn hǎochī, kěshì tài guì le.

▶ "可" だけでもよい。
▶ 単に「対比」を表わすときは, "可是" を用いない。

这个 贵, 那个 便宜。 (これは高いが, あれは安い。)
Zhèige guì, nèige piányi.

3. 文末の助詞 "吧", "呢"

〈吧〉 你 多 喝 点儿 吧。 (要 請)
Nǐ duō hē diǎnr ba.

我们 一起 吃 饭 吧。 (勧 誘)
Wǒmen yìqǐ chī fàn ba.

她 大概 是 上海人 吧。 (推 測)
Tā dàgài shì Shànghǎirén ba.

〈呢〉 她们 聊 天儿 呢。 (動作の進行)　＊聊天儿 (雑談をする)
Tāmen liáo tiānr ne.

我 没 有 课, 你 呢？ (省略疑問)
Wǒ méi yǒu kè, nǐ ne?

你 为什么 不 知道 呢？ (疑問詞疑問文に用いる)
Nǐ wèishénme bù zhīdào ne?

▶ 疑問詞疑問文に "呢" を用いると, いぶかる気分, または問いただす気分が加わる。

トレーニング 2

1 本文中の表現を用いて，中国語で言い表わしましょう。

(1)　　　　(2)　　　　(3)　　　　(4)

2 （　）の中に適切な文末の助詞を選んで入れ，さらに訳しましょう。

(1) 他 为什么 不 来（　　）？ 你 知道（　　）？
　　Tā wèishénme bù lái　　　 Nǐ zhīdao

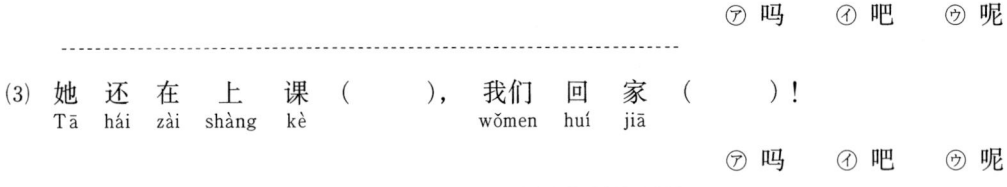

　　　　　　　　　　　　　㋐ 吗　㋑ 吧　㋒ 呢

(2) 这 大概 是 最 好 的 乌龙茶（　　）！ 真 好喝！
　　Zhè dàgài shì zuì hǎo de wūlóngchá　　　 Zhēn hǎohē!

　　　　　　　　　　　　　㋐ 吗　㋑ 吧　㋒ 呢

(3) 她 还 在 上 课（　　），我们 回 家（　　）！
　　Tā hái zài shàng kè　　　 wǒmen huí jiā

　　　　　　　　　　　　　㋐ 吗　㋑ 吧　㋒ 呢

3 語を並べかえ，中国語に訳しましょう。

(1) 彼は試合に出るので，授業に出られません。

　　（ 上　不　他　课　能　因为　比赛　参加 ）
　　　shàng bù tā kè néng yīnwèi bǐsài cānjiā

(2) 私は中国語を勉強しています。なぜなら私は中国に行きたいからです。

　　（ 去　学　想　我　我　中国　汉语　因为 ）
　　　qù xué xiǎng wǒ wǒ Zhōngguó Hànyǔ yīnwèi

(3) 私は一度食べたことがありますが，あまり好きではありません。

　　（ 次　过　太　一　不　吃　我　喜欢　可是 ）
　　　cì guo tài yī bù chī wǒ xǐhuan kěshì

トレーニング 2

4　本文の内容に関して，CDの質問に答えましょう。　　　　　　　　　　　CD 10

(1) _____

(2) _____

(3) _____

5　CDの質問に答えましょう。　　　　　　　　　　　　　　　　　　　　　CD 11

(1) 　　(2) 　　(3)

_____　　_____　　_____

─ひと口メモ─

　中国には，"**烟酒不分家**" Yān jiǔ bù fēn jiā（タバコと酒は共に楽しむものだ）という言い方があり，タバコを吸う（"**吸烟**" xī yān）ときは，相手にすすめるのが一種のマナー（"**礼貌**" lǐmào）とされ，自分だけ勝手に一服するのは，ケチ（"**小气**" xiǎoqì）と見られています。そのため家の人は吸わなくても，お客をもてなす（"**招待客人**" zhāodài kèren）ときのために常備している家庭がほとんどです。ところが昨今では，健康（"**健康**" jiànkāng）のために禁煙する（"**戒烟**" jiè yān）人が増えており，タバコの箱にも "**吸烟有害健康**"（喫煙は健康に有害です）の注意書きがあるほどです。しかも都市（"**城市**" chéngshì）では公共の場所での禁煙（"**禁止吸烟**" jìnzhǐ xī yān）化が進み，実際に罰金をとるようになってきました。"**饭后一支烟赛过活神仙**" Fàn hòu yì zhī yān sàiguò huóshénxiān（食後の一服は生き神様になったような最高の気分だ）と考えている愛煙家には，いささかつらい風潮といえるでしょう。

第3课 友だちをつくろう

王　：我　一　个　朋友　想　认识　你。
　　　Wǒ　yí　ge　péngyou　xiǎng　rènshi　nǐ.

吉田：真的？我　也　想　跟　中国人　交　朋友。
　　　Zhēnde? Wǒ　yě　xiǎng　gēn　Zhōngguórén　jiāo　péngyou.

王　：你　看，这　是　她　的　照片，是　最近　照　的。
　　　Nǐ　kàn, zhè　shì　tā　de　zhàopiàn, shì　zuìjìn　zhào　de.

吉田：她　真　像　日本人！
　　　Tā　zhēn　xiàng　Rìběnrén!

王　：是　吗？她　正　在　学　日语，说得　不错。
　　　Shì　ma? Tā　zhèng　zài　xué　Rìyǔ, shuōde　búcuò.

吉田：她　叫　什么　名字？你们　怎么　认识　的？
　　　Tā　jiào　shénme　míngzi? Nǐmen　zěnme　rènshi　de?

王　：她　叫　李　新，是　我　高中　的　同学。
　　　Tā　jiào　Lǐ　Xīn, shì　wǒ　gāozhōng　de　tóngxué.

吉田：给　我　介绍　一下，可以　吗？
　　　Gěi　wǒ　jièshào　yíxià, kěyǐ　ma?

王　：可以。不　知道　她　今天　有　没　有　空儿。
　　　Kěyǐ. Bù　zhīdào　tā　jīntiān　yǒu　méi　yǒu　kòngr.

吉田：那　你　先　打　电话　问问　她　吧！
　　　Nà　nǐ　xiān　dǎ　diànhuà　wènwen　tā　ba!

单　语

认识 rènshi 知りあう, 見知っている　**真的** zhēnde 本当だ(の)　**交** jiāo 交る("交朋友" 友だちになる)　**照片** zhàopiàn 写真　**照** zhào 撮る　**像** xiàng 似ている　**是吗** shì ma そうですか　**正** zhèng ちょうど　**得** de 〈様態を表わす補語を導く助詞〉　**叫** jiào (名前を)〜と言う　**名字** míngzi 名前　**怎么** zěnme どのように　**的** de 〈動作が行われた時間・場所・方式などを強調する助詞〉　**高中** gāozhōng 高校　**同学** tóngxué 同窓生, 同級生　**空儿** kòngr 暇

ポイント 3

1. 連動文

　　　　主語 ＋ 動詞（＋目的語）＋ 動詞（＋目的語）

我 回 家 休息。　　　　你 打 电话 问问 她。
Wǒ huí jiā xiūxi.　　　　Nǐ dǎ diànhuà wènwen tā.

我 坐 电车 去。　　　　你 来 日本 学 什么？
Wǒ zuò diànchē qù.　　　　Nǐ lái Rìběn xué shénme?

　　　　＊ 坐电车（電車に乗る）

▶ 連動文とは，同一の主語に対して，2つ以上の動詞(句)が連用される文をいう。

2. "是～的"の文

すでに完了したことについて，「いつ・どこで・どのように」などを表わす語句に重点をおいて言う表現。

　　　　（是）＋ 時・所・方法など ＋ 動詞 ＋ 的（＋目的語）　　（～したのです）

你（是）什么 时候 来 的？ ── （是）99 年 来 的。
Nǐ (shì) shénme shíhou lái de?　　(Shì) jiǔjiǔ nián lái de.

你（是）在 哪儿 学 的 日语？ ── （是）在 高中 学 的。
Nǐ (shì) zài nǎr xué de Rìyǔ?　　(Shì) zài gāozhōng xué de.

你（是）怎么 去 的？ ── （是）骑 自行车 去 的。
Nǐ (shì) zěnme qù de?　　(Shì) qí zìxíngchē qù de.

　　　　＊ 骑自行车（自転車に乗る）

▶ "是"は否定文では省略できない。　我 不 是 从 北京 来 的。
　　　　　　　　　　　　　　　　　Wǒ bú shì cóng Běijīng lái de.

3. 疑問詞 "怎么"

(1) （方式を尋ねる）どのように

你们 怎么 认识 的？　　麻婆豆腐 怎么 做？　　＊ 做（作る）
Nǐmen zěnme rènshi de?　　Mápódòufu zěnme zuò?

(2) （理由を尋ねる）なぜ，どうして

他 怎么 不 在 家？　　你 来得 怎么 这么 晚？
Tā zěnme bú zài jiā?　　Nǐ láide zěnme zhème wǎn?

▶ "为什么"が，単に理由を尋ねるときに用いるのに対し，"怎么"は，少しいぶかしい気持ちを持って理由を尋ねるときに用いる。

トレーニング 3

1 本文中の表現を用いて，中国語で言い表わしましょう。

(1)  (2)  (3)  (4)

2 下線部を尋ねる文を作りましょう。

(1) 我 从 <u>日本</u> 来 的。
　　Wǒ cóng Rìběn lái de.

(2) 他 <u>今年 暑假</u> 去 的 上海。　　＊暑假（夏休み）
　　Tā jīnnián shǔjià qù de Shànghǎi.

(3) 我 <u>打 电话</u> 告诉 的 小 王。
　　Wǒ dǎ diànhuà gàosu de Xiǎo Wáng.

3 語を並べかえ，中国語に訳しましょう。

(1) 私は毎日車の運転を習いに行っています。

(去　学　我　开　车　每天)
　qù　xué　wǒ　kāi　chē　měitiān

(2) あなたはどうして彼女に電話をしなかったのですか。

(她　给　你　打　呢　没有　怎么　电话)
　tā　gěi　nǐ　dǎ　ne　méiyou　zěnme　diànhuà

(3) 彼はあなたにどのように言ったのですか。

(的　跟　你　他　说　怎么)
　de　gēn　nǐ　tā　shuō　zěnme

トレーニング 3

4 本文の内容に関して，CD の質問に答えましょう。　　　　　　　　　CD 15

(1) _____

(2) _____

(3) _____

5 CD の質問に答えましょう。　　　　　　　　　　　　　　　　　　　CD 16

(1) 　(2) 　(3)

ひとロメモ

　日本と中国は，7世紀の遣隋使・遣唐使以来，密接な関係にありますが，どういう点が基本的に異なるのでしょうか。

　現代の中国は，男女平等を意味する"妇女顶半边天"Fùnǚ dǐng bànbiāntiān（女性は天の半分を支える）という考えが浸透し，女性が広く活躍している社会であること，椅子（"椅子" yǐzi）やベッド（"床" chuáng）の生活スタイルであること，非常にメンツを重んじる（"讲面子" jiǎng miànzi）国民性であることなどですが，中でも特徴的なのは，対(つい)になっていることを好み，偶数を尊ぶ習慣があることです。例えば，中国人は祝日の中秋節（"中秋节" Zhōngqiūjié）には月餅（"月饼" yuèbǐng）というお菓子を食べますが，これを人に贈る場合，必ず2つずつにします。奇数より偶数をおめでたいとするお国柄ですから，1箱に4個ずつ詰めて2箱，都合8個の月餅を贈るのがならわしです。1箱に4つの喜び，2箱で最上の数である，8つの喜びを贈ることになるのです。皆さんが中国に行く機会があれば，風俗習慣（"风俗习惯" fēngsú xíguàn）を理解したうえで，「郷に入れば郷に従え」（"入乡随俗" rù xiāng suí sú）にならって，"中国朋友"と交際するといいでしょう。

第4课　長城に登ろう

王　：真　倒霉，下　雨　了。
　　　Zhēn dǎoméi, xià yǔ le.

吉田：没　办法。咱们　今天　怎么　去　长城？
　　　Méi bànfǎ. Zánmen jīntiān zěnme qù Chángchéng?

王　：坐　火车　去。一路上　风景　很　美。
　　　Zuò huǒchē qù. Yílùshang fēngjǐng hěn měi.

吉田：要　多　长　时间？
　　　Yào duō cháng shíjiān?

王　：差不多　两　个　半　小时，中午　就　能　到。
　　　Chàbuduō liǎng ge bàn xiǎoshí, zhōngwǔ jiù néng dào.

吉田：我　忘　了，长城　有　多少　年　的　历史？
　　　Wǒ wàng le, Chángchéng yǒu duōshao nián de lìshǐ?

王　：听说　有　两千　多　年　的　历史。
　　　Tīngshuō yǒu liǎngqiān duō nián de lìshǐ.

吉田：来　了　北京，就　应该　爬　长城。
　　　Lái le Běijīng, jiù yīnggāi pá Chángchéng.

王　：是　啊。咱们　快　走　吧，已经　八　点　了。
　　　Shì a. Zánmen kuài zǒu ba, yǐjing bā diǎn le.

吉田：到　了　车站，先　去　吃　早饭，怎么样？我　饿　了。
　　　Dào le chēzhàn, xiān qù chī zǎofàn, zěnmeyàng? Wǒ è le.

单語

倒霉 dǎoméi 運が悪い　　**下雨** xià yǔ 雨が降る　　**了** le〔ポイントの1参照〕　　**没办法** méi bànfǎ 仕方がない　　**咱们** zánmen（聞き手を含めての）私たち　　**坐火车** zuò huǒchē 列車に乗る　　**一路上** yílùshang 道中　　**多长** duō cháng どのくらい長い　　**中午** zhōngwǔ 正午　　**就** jiù〔ポイントの2参照〕　　**听说** tīngshuō 聞くところによると　　**应该** yīnggāi（当然）～しなければならない　　**爬** pá 登る　　**啊** a〈話し手の感情を添える文末の助詞〉　　**走** zǒu（離れて）行く，出発する　　**早饭** zǎofàn 朝食　　**饿** è 空腹である

ポイント 4

1. "了"の3つの用法

(1) 「動作の完了」を表わす"了"

我 休息 了 两 天。　　　到 了 车站, 我 先 去 吃 饭。
Wǒ xiūxi le liǎng tiān.　　Dào le chēzhàn, wǒ xiān qù chī fàn.

(2) 「変化・到達」を表わす"了"

病 好 了。　　　　　　　昨天 很 热, 今天 凉快 了。
Bìng hǎo le.　　　　　　Zuótiān hěn rè, jīntiān liángkuai le.

她 不 来 了。　　　　　　以前 有, 现在 没 有 了。
Tā bù lái le.　　　　　　Yǐqián yǒu, xiànzài méi yǒu le.

▶ 比較： 他 没(有) 上 课。　（彼は授業に出なかった＝完了の否定）
　　　　　Tā méi(you) shàng kè.

　　　　　他 不 上 课 了。　（彼は授業に出なくなった＝変化）
　　　　　Tā bú shàng kè le.

已经 八 点 了。　　　　　你 今年 多 大 了？　　＊多大（何歳）
Yǐjing bā diǎn le.　　　　Nǐ jīnnián duō dà le?

(3) 「語気」を表わす"了"

你 太 客气 了。　　　　　你 不要 迟到 了。　　＊迟到（遅刻する）
Nǐ tài kèqi le.　　　　　Nǐ búyào chídào le.

▶ "太～了", "不要～了"の形で,「誇張や禁止の語気」を表わす。

2. 副詞 "就"

(1) (時間的に早いか量的に少なくて) もう, 早くも

我 十 点 就 睡 觉。　　　坐 十 分 钟 就 能 到。
Wǒ shí diǎn jiù shuì jiào.　Zuò shí fēn zhōng jiù néng dào.

▶ "就"の逆の用い方として, "才" cái（やっと, ようやく）がある。

我 中午 才 起 床。　　　走 了 半 个 小时 才 到。
Wǒ zhōngwǔ cái qǐ chuáng.　Zǒu le bàn ge xiǎoshí cái dào.

(2) (条件をうけて) それなら, そうしたら

来 了 北京, 就 应该 爬 长城。
Lái le Běijīng, jiù yīnggāi pá Chángchéng.

放 了 假, 我 就 回 老家。　　＊老家（実家）
Fàng le jià, wǒ jiù huí lǎojiā.

トレーニング 4

1 本文中の表現を用いて，中国語で言い表わしましょう。

(1) (2) (3) (4)

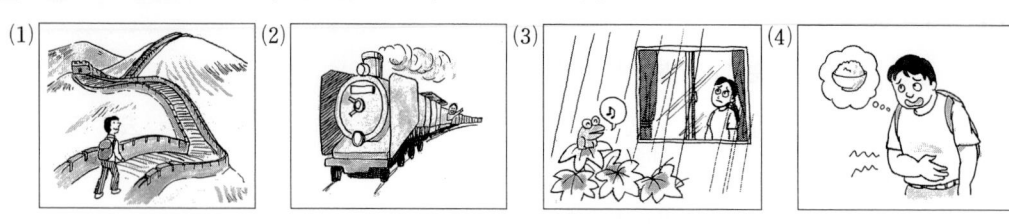

2 漢字に直し，訳しましょう。

(1) Tāmen jiǔ diǎn bàn jiù dào chēzhàn le.

(2) Míngtiān xià yǔ, wǒmen jiù bú qù pá Chángchéng le.

(3) Wǒ è le, zánmen xiān qù chī zǎofàn, zěnmeyàng?

3 語を並べかえ，中国語に訳しましょう。

(1) 日曜日に私は2時間英語を復習しました。

（了 个 两 我 小时 英语 复习 星期天）
le ge liǎng wǒ xiǎoshí Yīngyǔ fùxí xīngqītiān

(2) あなたは日本に来てどのくらいになりますか。

（来 了 您 日本 时间 多 长）
lái le nín Rìběn shíjiān duō cháng

(3) 私は薬を飲んだらよくなりました。

（药 了 了 就 好 吃 我）
yào le le jiù hǎo chī wǒ

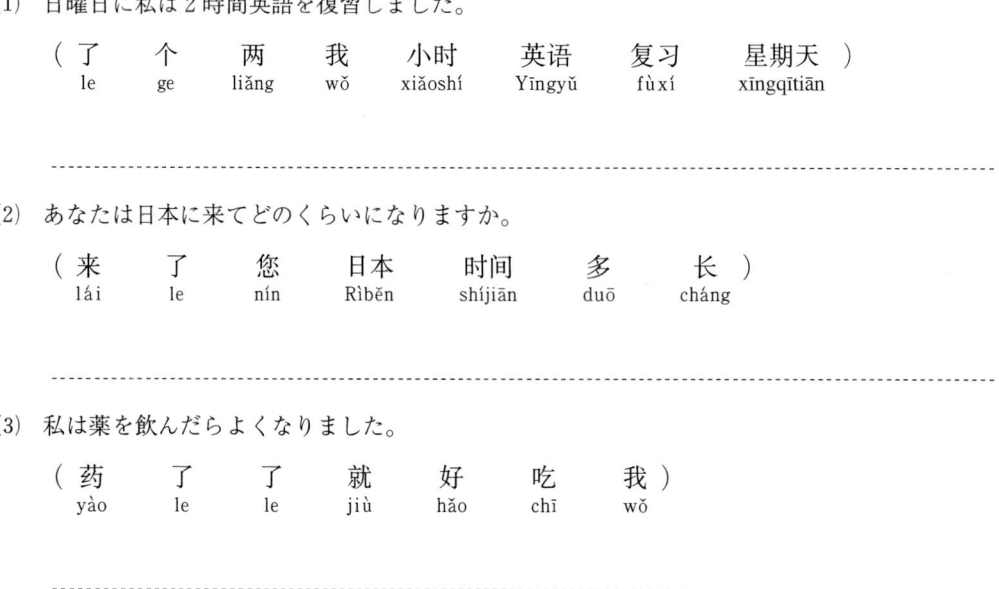

トレーニング 4

4 本文の内容に関して，CD の質問に答えましょう。　　　　　　　　　　　　　　CD 20

(1) _____

(2) _____

(3) _____

5 CD の質問に答えましょう。　　　　　　　　　　　　　　　　　　　　　　　　CD 21

(1) 　(2) 　(3)

_____　　_____　　_____

ひと口メモ

　北方の異民族の襲撃を防ぐために築かれた万里の長城は，総延長で21,200キロメートルあり，地球上で，月から見える唯一の建造物と言われています。紀元前3世紀に秦の始皇帝が辺境の長城群を一つにつないでから現在の姿となる16世紀の明代（"**明朝**" Míngcháo）に至るまで，長城は無数の民の手で修復と延長がくり返されてきました。ことわざにも，"**不到长城非好汉**" Bú dào Chángchéng fēi hǎohàn（長城に行かなければ立派な男とはいえない）と言われているほどですから，一度は行く価値があるといえましょう。

　万里の長城と並んで，中国の象徴といえば，天安門（"**天安门**" Tiān'ānmén）です。その前に広がる天安門広場は，世界で最も広い広場（"**广场**" guǎngchǎng）の一つで，100万人もの集会が可能と言われています。連日各地からの観光客（"**游客**" yóukè）で賑わい，至る所で写真を撮る（"**照相**" zhào xiàng）人たちや，民族衣装をまとった少数民族（"**少数民族**" shǎoshù mínzú）の姿を目にすることができます。夜の広場はライトアップされ美しく，10月1日の中国の建国記念日・国慶節（"**国庆节**" Guóqìngjié）にはイルミネーションで彩られます。

第5课 漢字を覚えよう

王： 中文 报，你 能 看懂 吗？
　　 Zhōngwén bào, nǐ néng kàndǒng ma?

吉田： 还 不行。要是 没 有 词典，就 更 不行 了。
　　　 Hái bùxíng. Yàoshi méi yǒu cídiǎn, jiù gèng bùxíng le.

王： 我 考考 你。这个 字，你 认识 不 认识？
　　 Wǒ kǎokao nǐ. Zhèige zì, nǐ rènshi bu rènshi?

吉田： 不 认识。怎么 念？
　　　 Bú rènshi. Zěnme niàn?

王： 念 "bīn（宾）"，是 "客人" 的 意思。
　　 Niàn shì "kèren" de yìsi.

吉田： 简体字 真 难 懂！
　　　 Jiǎntǐzì zhēn nán dǒng!

王： 有些 汉字 跟 日本 的 有点儿 不 一样。
　　 Yǒuxiē Hànzì gēn Rìběn de yǒudiǎnr bù yíyàng.

吉田： 容易 写错，所以 考试 的 时候 得 特别 小心。
　　　 Róngyì xiěcuò, suǒyǐ kǎoshì de shíhou děi tèbié xiǎoxīn.

王： 汉语 的 "手纸" 是 什么 意思，你 知道 吗？
　　 Hànyǔ de "shǒuzhǐ" shì shénme yìsi, nǐ zhīdao ma?

吉田： 这个 词，我 最近 才 知道，真 不 好意思！
　　　 Zhèige cí, wǒ zuìjìn cái zhīdao, zhēn bù hǎoyìsi!

単 語

中文 Zhōngwén 中国語　**报** bào 新聞　**懂** dǒng わかる，理解する　**要是** yàoshi もし～ならば　**更** gèng なおさら，もっと　**考** kǎo テストをする（受ける）　**意思** yìsi 意味　**简体字** jiǎntǐzì 簡体字（↔ "**繁体字**" fántǐzì）　**难** nán ～しにくい　**有些** yǒuxiē ある一部（の）　**汉字** Hànzì 漢字　**有点儿** yǒudiǎnr 少し　**一样** yíyàng 同じである　**容易** róngyì ～しやすい　**错** cuò 間違っている（↔ "对" duì）　**所以** suǒyǐ そのため　**考试** kǎoshì テスト，テストをする（受ける）　**时候** shíhou 時　**小心** xiǎoxīn 気をつける　**手纸** shǒuzhǐ トイレット・ペーパー　**词** cí 語，単語　**才** cái やっと，ようやく

ポイント 5

1. 結果補語 (1)

「動作の結果，ある状態になる」ことを表わす。　　動詞 ＋ **結果補語**（動詞・形容詞）

| ～**懂** (～してわかる) | **看懂** 中文 | **听懂** 英语 |
| dǒng | kàndǒng Zhōngwén bào | tīngdǒng Yīngyǔ |

～**懂**（～してわかる）　　**看懂** 中文 报　　**听懂** 英语
　dǒng　　　　　　　　　kàndǒng Zhōngwén bào　tīngdǒng Yīngyǔ

～**完**（～し終わる）　　**吃完** 早饭　　**学完** 第 五 课
　wán　　　　　　　　　chīwán zǎofàn　　xuéwán dì wǔ kè

～**到**（～して達成する）　**找到** 工作　　**买到** 电脑　　＊ 找（さがす）
　dào　　　　　　　　　zhǎodào gōngzuò　mǎidào diànnǎo　＊ 电脑（パソコン）

～**错**（～し間違える）　　**写错** 拼音　　**念错** 课文
　cuò　　　　　　　　　xiěcuò pīnyīn　　niàncuò kèwén

～**好**（～して完成する，　**洗好** 衣服　　**学好** 汉语
　hǎo　満足な状態になる）　xǐhǎo yīfu　　xuéhǎo Hànyǔ

▶ 否定は，"**没(有)**"を使う。　我们 还 **没(有)** 学完 第 五 课。
　　　　　　　　　　　　　　Wǒmen hái méi(you) xuéwán dì wǔ kè.

2. 副詞 "有点儿"

有点儿（＋**不**）＋ 形容詞　　（〈感覚的に〉少し，どうも）

有点儿 饿　　　　　　　**有点儿** 麻烦　　＊ 麻烦（面倒くさい）
yǒudiǎnr è　　　　　　　yǒudiǎnr máfan

有点儿 不 一样　　　　　**有点儿** 不 高兴
yǒudiǎnr bù yíyàng　　　yǒudiǎnr bù gāoxìng

▶ "**有点儿**"は，好ましくないことについて用いられることが多い。

▶ 比較： "**有点儿**" と "**一点儿**"

　　　今天 **有点儿** 热。　　　　　　（今日は少し暑い。）
　　　Jīntiān yǒudiǎnr rè.

　　　今天 比 昨天 热 **一点儿**。　　（今日は昨日より少し暑い。）
　　　Jīntiān bǐ zuótiān rè yìdiǎnr.

3. 「仮定」を表わす "要是"

要是 你 喜欢, 请 多 吃 点儿。
Yàoshi nǐ xǐhuan, qǐng duō chī diǎnr.

你 **要是** 想 认识 他, 我 可以 给 你 介绍 一下。
Nǐ yàoshi xiǎng rènshi tā, wǒ kěyǐ gěi nǐ jièshào yíxià.

トレーニング 5

1 本文中の表現を用いて，中国語で言い表わしましょう。

(1)  (2)  (3)  (4)

2 ( )の中に適切な結果補語を選んで入れ，さらに訳しましょう。

(1) 你 要 的 那 本 词典 买（ ）了 吗？　　㋐ 懂　㋑ 完　㋒ 到
　　Nǐ yào de nèi běn cídiǎn mǎi　　le ma?

(2) 英语 考（ ）了 吧，考得 怎么样？　　㋐ 完　㋑ 到　㋒ 错
　　Yīngyǔ kǎo　　le ba, kǎode zěnmeyàng?

(3) 你 打（ ）了，这儿 不 是 361095。　㋐ 完　㋑ 错　㋒ 好
　　Nǐ dǎ　　le, zhèr bú shì sānliùyāolíngjiǔwǔ.

3 語を並べかえ，中国語に訳しましょう。

(1) 私たちはうっかりして乗り間違えてしまった。

　（ 错　了　坐　车　不　我们　小心 ）
　　cuò le zuò chē bù wǒmen xiǎoxīn

(2) 私は少し眠い，きのう寝るのがあまりに遅かったので。

　（ 困　晚　我　得　睡　太　了　昨天　因为　有点儿 ）
　　kùn wǎn wǒ de shuì tài le zuótiān yīnwèi yǒudiǎnr

(3) もしわからない字があったら，辞書を引かなければなりません。

　（ 查　有　的　不　就　字　词典　应该　认识　要是 ）
　　chá yǒu de bù jiù zì cídiǎn yīnggāi rènshi yàoshi

トレーニング 5

④ 本文の内容に関して，CD の質問に答えましょう。　　　　　　　　　　CD 25

(1) _____

(2) _____

(3) _____

⑤ CD の質問に答えましょう。　　　　　　　　　　　　　　　　　　　　CD 26

(1)

(2)

(3)

ひと口メモ

　漢字の文字数は，少なくとも約5万5千あると言われています。中国で現在通用している漢字に限っても約1万と言われ，識字教育のために費やす時間は極めて大きいといえましょう。
　中国には，漢字1字を当てるなぞなぞ（"**字谜**" zìmí）があります。例えば，"九十九"が問題であれば，答えは"白" bái（"百"から"一"を取る）。"十二点"であれば，答えは"斗" dòu（"十"と2つの点の組み合わせ）です。では，次の答えは何でしょうか。

(1)　一　加　一　不　等于　二。　　　　　（1＋1は2ではない。）
　　Yī　jiā　yī　bù　děngyú　èr.

(2)　你　没　有，他　有，　　　　　　　　（あなたになくて，彼にあり，
　　Nǐ　méi　yǒu, tā　yǒu,　　　　　　　　　　天になくて，地にある。）
　　天　没　有，地　有。
　　tiān méi yǒu, dì yǒu.

(3)　画　时　圆，写　时　方，　　　　　　（描くと円く，書くと四角，
　　Huà shí yuán, xiě shí fāng,　　　　　　　　寒いときは短く，暑いときは長い。）
　　寒　时　短，暑　时　长。
　　hán shí duǎn, shǔ shí cháng.

〔答え：(1) 王　(2) 也　(3) 日〕

第6课 街を歩こう

王： 那边 开 了 一 家 商场, 热闹 极了！
Nàbiān kāi le yì jiā shāngchǎng, rènao jíle!

吉田： 北京 的 商场 东西 又 多 又 便宜。
Běijīng de shāngchǎng dōngxi yòu duō yòu piányi.

王： 我们 买 东西 也 方便 多了。
Wǒmen mǎi dōngxi yě fāngbiàn duōle.

吉田： 咱们 去 逛逛 吧, 逛 商场 很 有 意思。
Zánmen qù guàngguang ba, guàng shāngchǎng hěn yǒu yìsi.

....

王： 走 了 半天, 你 走累 了 吧？
Zǒu le bàntiān, nǐ zǒulèi le ba?

吉田： 不 太 累, 就是 有点儿 饿 了。
Bú tài lèi, jiùshi yǒudiǎnr è le.

王： 那儿 卖 小吃, 都 有 什么 呢？
Nàr mài xiǎochī, dōu yǒu shénme ne?

吉田： …… 买 个 包子, 一边儿 吃 一边儿 逛, 怎么样？
Mǎi ge bāozi, yìbiānr chī yìbiānr guàng, zěnmeyàng?

王： 好。…… 你 看, 这 附近 还 有 不 少 快餐店。
Hǎo. Nǐ kàn, zhè fùjìn hái yǒu bù shǎo kuàicāndiàn.

吉田： 咱们 喝 点儿 饮料 休息 一会儿 吧！
Zánmen hē diǎnr yǐnliào xiūxi yíhuìr ba!

単語

那边 nàbiān あちら側, 向こう側　　**开** kāi 開く（↔ "关" guān）　　**家** jiā〈店などを数える助数詞〉～軒
商场 shāngchǎng デパート　　**热闹** rènao にぎやかである　　**极了** jíle すごく　　**东西** dōngxi 品物
又～又～ yòu～yòu～ ～でもあり～でもある　　**多了** duōle （比較して）ずっと　　**逛** guàng ぶらつく
半天 bàntiān 長い時間, 半日　　**累** lèi 疲れる　　**就是** jiùshi ただし　　**卖** mài 売る　　**小吃** xiǎochī 軽食
包子 bāozi 中華まん　　**一边儿～一边儿** yìbiānr～yìbiānr ～しながら～する　　**快餐** kuàicān ファーストフード　　**饮料** yǐnliào 飲み物　　**一会儿** yíhuìr ちょっとの間, しばらく

ポイント 6

1. 存現文

ある場所に(から)，ある人・ものが，「存在したり，現われる」ことを表わす。

> 場所 ＋ 動詞 ＋ 名詞（人・もの）

那儿　有　一些　留学生。　　路上　没　有　车。
Nàr　yǒu　yìxiē　liúxuéshēng.　Lùshang　méi　yǒu　chē.

那边　开　了　一　家　商场。　　家里　来　了　一　个　客人。
Nàbiān　kāi　le　yì　jiā　shāngchǎng.　Jiāli　lái　le　yí　ge　kèren.

▶ 物を表わす名詞の後に"上"，"里"などをつけると，場所を表わす。

▶ 文頭に"在"，"从"などの介詞をつけない。

▶ 文末の名詞は，一般に不特定なもの。

× 那儿　有　小　王。　　○ 小　王　在　那儿。
　　　　　　　　　　　　　　　Xiǎo　Wáng　zài　nàr.

2. 主語がフレーズのとき

逛　商场　很　有　意思。　　唱　歌儿　是　我　的　爱好。
Guàng　shāngchǎng　hěn　yǒu　yìsi.　Chàng　gēr　shì　wǒ　de　àihào.

去　车站　怎么　走？　　我们　买　东西　方便　多了。
Qù　chēzhàn　zěnme　zǒu?　Wǒmen　mǎi　dōngxi　fāngbiàn　duōle.

▶ 主語となるものは，名詞・代名詞だけでなく，動詞(句)，主述句なども主語となる。

3. "又～又～"，"一边儿～一边儿～"の用法

〈又～又～〉　～でもあり～でもある

这儿　的　东西　又　多　又　便宜。　　我　现在　又　累　又　饿。
Zhèr　de　dōngxi　yòu　duō　yòu　piányi.　Wǒ　xiànzài　yòu　lèi　yòu　è.

▶ 動詞(句)と動詞(句)を結ぶこともできる。

他　又　不　喝　酒，又　不　吸　烟。
Tā　yòu　bù　hē　jiǔ, yòu　bù　xī　yān.

〈一边儿～一边儿～〉　～しながら～する

咱们　一边儿　吃　一边儿　逛　吧。
Zánmen　yìbiānr　chī　yìbiānr　guàng　ba.

我　喜欢　一边儿　听　音乐　一边儿　学习。　　＊ 音乐（音楽）
Wǒ　xǐhuan　yìbiānr　tīng　yīnyuè　yìbiānr　xuéxí.

トレーニング 6

1 本文中の表現を用いて，中国語で言い表わしましょう。

(1)　(2)　(3)　(4)

2 漢字に直し，訳しましょう。

(1) Wǒ jiā fùjìn yǒu yì jiā hěn dà de shāngchǎng.

　

(2) Zuò huǒchē qù yòu fāngbiàn yòu piányi.

　

(3) Nǐ búyào yìbiānr kàn diànshì yìbiānr chī fàn.

　

3 語を並べかえ，中国語に訳しましょう。

(1) あのホテルのそばに日本のファーストフード店が2軒オープンした。

（ 开　家　家　两　那　了　日本　饭店　旁边　快餐店 ）
　kāi　jiā　jiā　liǎng　nèi　le　Rìběn　fàndiàn　pángbiān　kuàicāndiàn

　

(2) 今日は新聞にどんなニュースが載っていますか。

（ 上　报　有　今天　什么　消息 ）
　shang　bào　yǒu　jīntiān　shénme　xiāoxi

　

(3) 台湾へ旅行するのは，いくらかかりますか。

（ 要　去　钱　多少　旅游　台湾 ）
　yào　qù　qián　duōshao　lǚyóu　Táiwān

トレーニング 6

4 本文の内容に関して，CD の質問に答えましょう。　　　　　　　　　　　CD 30

(1) _____

(2) _____

(3) _____

5 CD の質問に答えましょう。　　　　　　　　　　　　　　　　　　　　　CD 31

(1)　　　　　　　　　　　　(2)　　　　　　　　　　　　(3)

_____　　_____　　_____

ひとロメモ

　中国の街をゆっくり見るには，地図（"**地图**" dìtú）を片手に自分の足で歩くのが一番です。大通り（"**马路**" mǎlù）沿いの商店街をひやかしたり，露店（"**摊子**" tānzi）に寄って麺（"**面条**" miàntiáo）をすすったり，古い家屋（"**老房子**" lǎo fángzi）をながめたりと興味は尽きません。路地（"**胡同**" hútong）にひとたび足を踏み入れると，庶民（"**老百姓**" lǎobǎixìng）の生活をかいま見ることができます。老人が将棋を指していたり（"**下象棋**" xià xiàngqí），おしゃべりをしていたり（"**聊天儿**" liáo tiānr），子供（"**小孩儿**" xiǎoháir）たちがボール遊びをしていたり（"**玩儿球**" wánr qiú）…。

　移動手段には，バスやタクシーがあります。乗り継ぎ（"**换车**" huàn chē）しながら混んだバスに乗ったり（"**坐公共汽车**" zuò gōnggòngqìchē），タクシーに乗って（"**坐出租汽车**" zuò chūzūqìchē），運転手（"**司机**" sījī）と会話を楽しむのも一興。しかし，大都市では今や渋滞がひどく（"**厉害**" lìhai），思った以上に時間がかかることもあります。

第7课 中国映画を見よう

吉田： 你 拿着 什么？ 给 我 看看。
　　　 Nǐ názhe shénme? Gěi wǒ kànkan.

李： 电影 票, 是 给 你 买 的。
　　 Diànyǐng piào, shì gěi nǐ mǎi de.

吉田： 太 高兴 了！ 我 好久 没 看 电影 了。
　　　 Tài gāoxìng le! Wǒ hǎojiǔ méi kàn diànyǐng le.

李： 是 成 龙 演 的, 他 演得 特别 好！
　　 Shì Chéng Lóng yǎn de, tā yǎnde tèbié hǎo!

吉田： 有 人 说, 这个 电影 很 有 意思。
　　　 Yǒu rén shuō, zhèige diànyǐng hěn yǒu yìsi.

李： 还 有 点儿 时间, 吃完 饭 再 去 吧。
　　 Hái yǒu diǎnr shíjiān, chīwán fàn zài qù ba.

（映画を見終わって）

吉田： 等一等, 咱们 找 个 地方 坐坐 吧。
　　　 Děngyideng, zánmen zhǎo ge dìfang zuòzuo ba.

李： 刚才 的 电影, 你 看懂 了 吗？
　　 Gāngcái de diànyǐng, nǐ kàndǒng le ma?

吉田： 没有 完全 看懂, 不过 比较 好 懂。
　　　 Méiyou wánquán kàndǒng, búguò bǐjiào hǎo dǒng.

李： 过 两 天 还 有 个 香港 的, 咱们 再 来 看 吧！
　　 Guò liǎng tiān hái yǒu ge Xiānggǎng de, zánmen zài lái kàn ba!

単語

拿 ná （手に）持つ,（手で）取る　　**着** zhe ～している,～してある　　**票** piào チケット,切符　　**好久** hǎojiǔ 久しい間　　**成龙** Chéng Lóng ジャッキー・チェン　　**再** zài 再び,（～して）それから　　**等** děng 待つ　　**找** zhǎo さがす,訪ねる　　**刚才** gāngcái たった今,先ほど　　**不过** búguò だが　　**好** hǎo ～しやすい（＝"容易" róngyì）　　**过** guò 過ぎる,過ごす

ポイント 7

1. 「状態の持続」を表わす "着"

> 主語 ＋ 動詞 ＋ **着** （＋ 目的語）（＋ 呢）　　（〜している，〜してある）

他 拿**着** 一 张 票。　　　黑板上 写**着** 字 （呢）。
Tā názhe yì zhāng piào.　　Hēibǎnshang xiězhe zì (ne).

我 今天 没(有) 带**着** 手机。　　＊ 带（携帯する），手机（携帯電話）
Wǒ jīntiān méi(you) dàizhe shǒujī.

▶ さらに後ろに動詞(句)が続くときもあり，連動文の一種となる（p.19 参照）。

他 坐**着** 睡 觉。　　　我们 走**着** 去 吧。
Tā zuòzhe shuì jiào.　　Wǒmen zǒuzhe qù ba.
（彼は座ったまま寝ている。）　（私たちは歩いて行きましょう。）

2. 副詞 "再"

(1) 再び，もう一度

你 明天 **再** 来 吧。　　　请 **再** 说 一 遍。
Nǐ míngtiān zài lái ba.　　Qǐng zài shuō yí biàn.

▶ すでに完了したことであれば，"又" yòu を用いる。

她 昨天 **又** 来 了。
Tā zuótiān yòu lái le.

(2) （〜して）それから

咱们 吃完 饭 **再** 去 吧。
Zánmen chīwán fàn zài qù ba.

你 先 念 一 遍， **再** 翻译 一下。　　＊ 翻译（訳す）
Nǐ xiān niàn yí biàn, zài fānyì yíxià.

3. 部分否定

> 主語 ＋ **不／没有** ＋ 副詞 ＋ 述語

他们 **不** 都 是 学生。　　（彼らは全員が学生というわけではない。）
Tāmen bù dōu shì xuésheng.

我 **没有** 完全 看懂。　　（私は見て完全にはわからなかった。）
Wǒ méiyou wánquán kàndǒng.

▶ 比較：一般の否定文

他们 都 **不** 是 学生。　　我 完全 **没有** 看懂。
Tāmen dōu bú shì xuésheng.　Wǒ wánquán méiyou kàndǒng.

35

トレーニング 7

1 本文中の表現を用いて，中国語で言い表わしましょう。

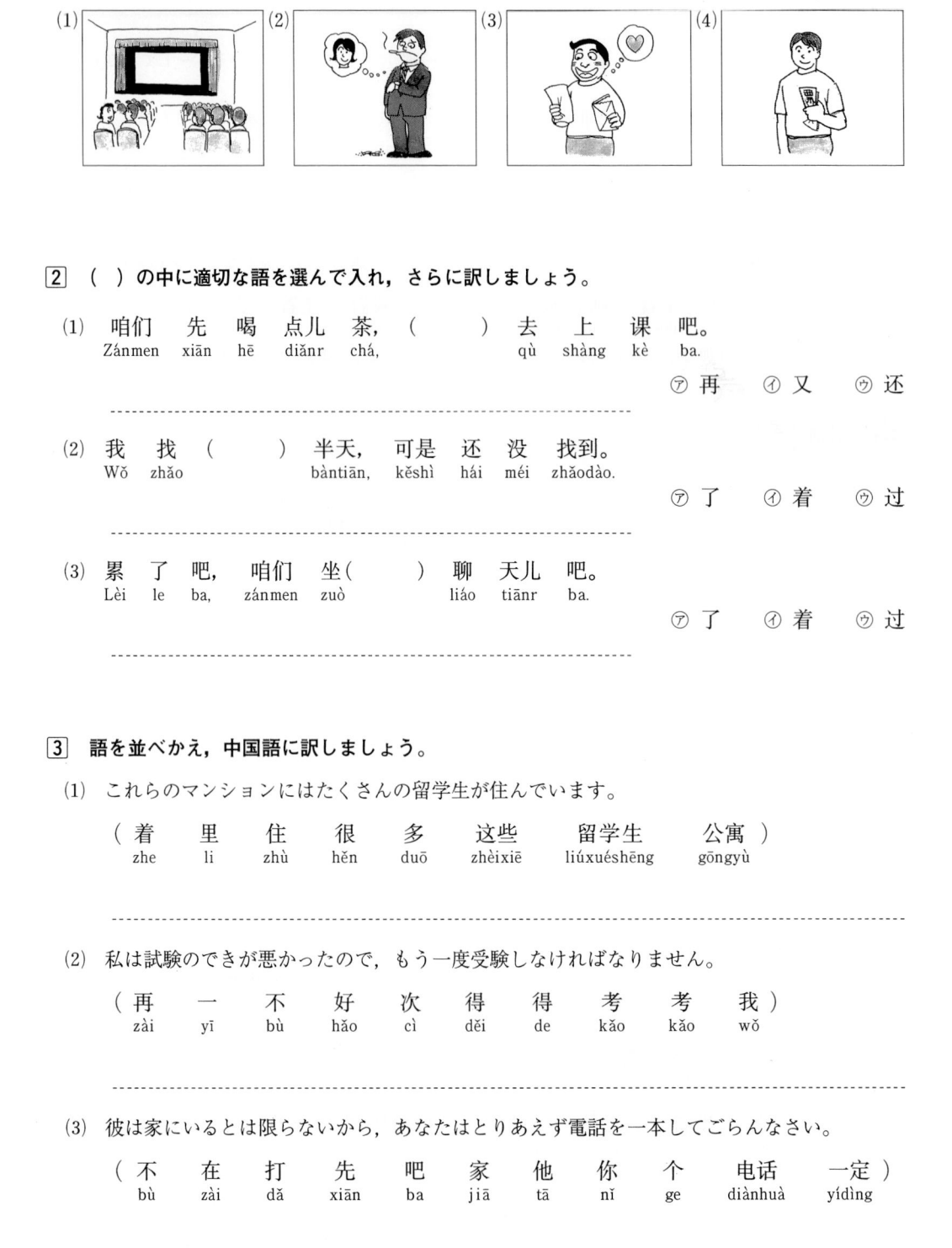

(1)　(2)　(3)　(4)

2 ( )の中に適切な語を選んで入れ，さらに訳しましょう。

(1) 咱们 先 喝 点儿 茶，(　　) 去 上 课 吧。
　　Zánmen xiān hē diǎnr chá, qù shàng kè ba.
　　　　　　　　　　　　　　　　　㋐ 再　㋑ 又　㋒ 还

(2) 我 找 (　　) 半天，可是 还 没 找到。
　　Wǒ zhǎo bàntiān, kěshì hái méi zhǎodào.
　　　　　　　　　　　　　　　　　㋐ 了　㋑ 着　㋒ 过

(3) 累 了 吧，咱们 坐 (　　) 聊 天儿 吧。
　　Lèi le ba, zánmen zuò liáo tiānr ba.
　　　　　　　　　　　　　　　　　㋐ 了　㋑ 着　㋒ 过

3 語を並べかえ，中国語に訳しましょう。

(1) これらのマンションにはたくさんの留学生が住んでいます。

　　(着　里　住　很　多　这些　留学生　公寓)
　　　zhe　li　zhù　hěn　duō　zhèixiē　liúxuéshēng　gōngyù

(2) 私は試験のできが悪かったので，もう一度受験しなければなりません。

　　(再　一　不　好　次　得　得　考　考　我)
　　　zài　yī　bù　hǎo　cì　děi　de　kǎo　kǎo　wǒ

(3) 彼は家にいるとは限らないから，あなたはとりあえず電話を一本してごらんなさい。

　　(不　在　打　先　吧　家　他　你　个　电话　一定)
　　　bù　zài　dǎ　xiān　ba　jiā　tā　nǐ　ge　diànhuà　yídìng

トレーニング 7

4 本文の内容に関して，CDの質問に答えましょう。　　　　　　　　　　　　　　　　　　**CD 35**

(1) _____

(2) _____

(3) _____

5 CDの質問に答えましょう。　　　　　　　　　　　　　　　　　　　　　　　　　　　　　**CD 36**

(1)　　　　　　　　　　　　(2)　　　　　　　　　　　　(3)

------------------------　　------------------------　　------------------------

---

ひと口メモ

　中国の伝統劇である京劇（"**京剧**" jīngjù）は，基本的に，"**唱**" chàng（うた），"**念**" niàn（せりふ），"**做**" zuò（身振り），"**打**" dǎ（立ち回り）の4つの要素から成っていて，内容によって重点が異なります。また，隈取り（"**脸谱**" liǎnpǔ）の色や形によって登場人物の性格を表わし，例えば，白（"**白色**" báisè）は自尊心の強さと残虐さを，黒（"**黑色**" hēisè）は正直さを示します。京劇を演じる劇場では，熱心な演劇ファン（"**戏迷**" xìmí）が必ずいて，見事な演技には"**好！**"と役者（"**演员**" yǎnyuán）に大きな声をかけるのも，日本の歌舞伎に似ています。しかし，一般の人にとって，うたやせりふは難解であり，字幕（"**字幕**" zìmù）を見なければ，なかなか内容を把握することができません。

　京劇の他に，中国風サーカスの雑技（"**杂技**" zájì），胡弓（"**二胡**" èrhú）の演奏，歌手によるコンサート（"**演唱会**" yǎnchànghuì）などがあります。これらの案内・情報は，地元の新聞に掲載されていますが，チケットは各ホール，劇場のチケットコーナー（"**售票处**" shòupiàochù）で直接購入するしかなく，電話による予約（"**预订**" yùdìng）はできません。

第8课　シルクを買おう

吉田：我　姐姐　让　我　买　一　条　围巾。
　　　Wǒ　jiějie　ràng　wǒ　mǎi　yì　tiáo　wéijīn.

王　：你　想　买　什么　颜色　的？
　　　Nǐ　xiǎng　mǎi　shénme　yánsè　de?

吉田：不　一定。先　看看　再　买。
　　　Bù　yídìng.　Xiān　kànkan　zài　mǎi.

王　：那儿　有　家　时装店，进去　看看　吧。
　　　Nàr　yǒu　jiā　shízhuāngdiàn,　jìnqu　kànkan　ba.

吉田：小　王，你　过来　一下。这　是　用　什么　做　的？
　　　Xiǎo　Wáng,　nǐ　guòlai　yíxià.　Zhè　shì　yòng　shénme　zuò　de?

王　：用　丝绸　做　的。你　觉得　怎么样？
　　　Yòng　sīchóu　zuò　de.　Nǐ　juéde　zěnmeyàng?

吉田：真　漂亮！那　我　买　几　条　带回去　送　人。
　　　Zhēn　piàoliang!　Nà　wǒ　mǎi　jǐ　tiáo　dàihuíqu　sòng　rén.

王　：有　七十　块　的，还　有　一百　块　的，你　要　哪　种？
　　　Yǒu　qīshí　kuài　de,　hái　yǒu　yìbǎi　kuài　de,　nǐ　yào　něi　zhǒng?

吉田：他们　能　不　能　便宜　点儿？我　的　钱　不　够。
　　　Tāmen　néng　bu　néng　piányi　diǎnr?　Wǒ　de　qián　bú　gòu.

王　：我　替　你　问问。……　小姐！
　　　Wǒ　tì　nǐ　wènwen.　　　　Xiǎojie!

単語

让 ràng ～させる，～するように言う　　条 tiáo〈細長いものを数える助数詞〉　　围巾 wéijīn スカーフ，マフラー　　颜色 yánsè 色　　不一定 bù yídìng 決まっていない　　时装 shízhuāng ファッション　　进 jìn 入る　　过 guò 通りすぎる（"过来" guòlai 近づいて来る）　　用 yòng 使う　　做 zuò 作る，する，やる　　丝绸 sīchóu シルク　　觉得 juéde（感覚的に）思う　　漂亮 piàoliang（人や物が）きれいである　　带 dài 携帯する（"带回去" dàihuíqu 持って帰って行く）　　送 sòng 贈る，見送る　　种 zhǒng 種類　　够 gòu 足りる　　替 tì ～に代わる　　小姐 xiǎojie〈若い女性に対する敬称，女店員に対する呼びかけ語〉

ポイント 8

1. 方向補語

「動作の向かう方向」を表わす。

動詞 ＋ **方向補語**（来 ／ 去）

你 快 **上来** 吧。
Nǐ kuài shànglai ba.

我们 进**去** 看看 吧。
Wǒmen jìnqu kànkan ba.

你 带 雨伞 **来** 了 吗？
Nǐ dài yǔsǎn lai le ma?

她们 回 中国 **去** 了。
Tāmen huí Zhōngguó qu le.

▶ "来／去"と結びつく動詞は他に，"下" xià（下りる），"出" chū（出る），"过" guò（通りすぎる）などがある。

▶ 目的語は"来／去"の前に置かれるが，物を表わす語であれば，"来／去"の後に置いてもよい。
你 带**来** 雨伞 了 吗？
Nǐ dàilai yǔsǎn le ma?

▶ 動詞の前に，さらに別の動詞が加わることもある。
我 买 一些 带**回去**。
Wǒ mǎi yìxiē dàihuíqu.

小姐， 请 拿**出来** 看看。
Xiǎojie, qǐng náchūlai kànkan.

2. 「使役」を表わす "让"

主語 ＋ **让**（＋名詞）＋動詞（＋目的語）　（～させる，～するように言う）

她 **让** 我 买 一 条 围巾。
Tā ràng wǒ mǎi yì tiáo wéijīn.

爸爸 不 **让** 我 养 猫。
Bàba bú ràng wǒ yǎng māo.

＊养（飼う）

▶ "叫" jiào も「使役」を表わす。
小 张 **叫** 你 给 他 打 电话。
Xiǎo Zhāng jiào nǐ gěi tā dǎ diànhuà.

3. 疑問詞の不定用法

你 有 **什么** 问题 吗？
Nǐ yǒu shénme wèntí ma?

我 写错 了 **几** 个 字。
Wǒ xiěcuò le jǐ ge zì.

▶ 疑問詞には，不定の意味（なにか，いくつか，どこかなど）を表わす用法もある。

▶ 比較： 你 打算 去 **哪儿**？
Nǐ dǎsuan qù nǎr?
（どこに行く予定ですか。）

你 打算 去 **哪儿** 吗？
Nǐ dǎsuan qù nǎr ma?
（どこかに行く予定ですか。）

トレーニング 8

1 本文中の表現を用いて，中国語で言い表わしましょう。

(1) (2) (3) (4)

2 （ ）の中に"来"か"去"を入れ，さらに訳しましょう。

(1) 她　去年　从　中国　留学　回（　　）了，现在　还　没　找到　工作。
　　Tā　qùnián　cóng　Zhōngguó　liúxué　huí　　　　le,　xiànzài　hái　méi　zhǎodào　gōngzuò.

(2) 上　个　月　我　朋友　给　我　买（　　）了　一些　围巾。
　　Shàng　ge　yuè　wǒ　péngyou　gěi　wǒ　mǎi　　　　le　yìxiē　wéijīn.

(3) 大夫　让　我　在　家里　休息　几　天，不　让　我　出（　　）玩儿。
　　Dàifu　ràng　wǒ　zài　jiāli　xiūxi　jǐ　tiān, bú　ràng　wǒ　chū　　　　wánr.
　　　　　　　　　　　　　　　　　　　　　　　　　　　　　　　＊大夫（医者）

3 語を並べかえ，中国語に訳しましょう。

(1) さっき入って来たのは誰ですか，あなたの妹さんですか。
　　（　来　是　是　吗　的　进　谁　你　妹妹　刚才　）
　　　　lai　shì　shì　ma　de　jìn　shéi　nǐ　mèimei　gāngcái

(2) 彼らから明日コンパに出るように言われた。
　　（　让　我　去　参加　明天　他们　联欢会　）
　　　　ràng　wǒ　qù　cānjiā　míngtiān　tāmen　liánhuānhuì

(3) 私は以前にどこかで彼女に会ったことがあります。
　　（　见　在　我　她　过　哪儿　以前　）
　　　　jiàn　zài　wǒ　tā　guo　nǎr　yǐqián

トレーニング 8

4 本文の内容に関して，CDの質問に答えましょう。　　　　　　　　　　　CD 40

　(1) _____

　(2) _____

　(3) _____

5 CDの質問に答えましょう。　　　　　　　　　　　　　　　　　　　　　CD 41

　(1)　　　　　　　　　(2)　　　　　　　　　(3)

―ひと口メモ―

　中国に行ったら，どんなお土産を買ったらいいでしょうか。お茶の葉（"**茶叶**" cháyè）や漢方薬（"**中药**" zhōngyào），印鑑（"**图章**" túzhāng）などは人に喜ばれますし，伝統的な工芸品（"**工艺品**" gōngyìpǐn）や書道（"**书法**" shūfǎ）に使う文房四宝（"**文房四宝**" wénfángsìbǎo）も一見の価値があります。女性に人気のチャイナドレス（"**旗袍**" qípáo）はオーダーメイド（"**定做**" dìngzuò）の場合，1週間以内でできます。ただし，個人経営の小さな店や露店では，高い値段（"**价钱**" jiàqian）をふっかけられることもありますので，値段の交渉をしっかりしたほうが賢明です。

　逆に，中国でお世話になった人へお礼をするときは，「ほんの気持ちですが」の意味で，"**一点儿心意**" yìdiǎnr xīnyì とか，"**礼轻人意重**" lǐ qīng rén yì zhòng などの一言を添えて贈り物（"**礼物**" lǐwù）を差し上げるといいでしょう。

　なお，日本円（"**日元**" Rìyuán）を中国の通貨・人民元（"**人民币**" rénmínbì）に両替（"**换钱**" huàn qián）するには，銀行（"**银行**" yínháng）以外にも，空港（"**机场**" jīchǎng）やホテル（"**饭店**" fàndiàn）でもできます。

41

第9课 中華を食べよう

李： 今天 我 请 客, 你 随便 点 菜 吧。
　　 Jīntiān wǒ qǐng kè, nǐ suíbiàn diǎn cài ba.

吉田： 我 看不懂 菜单, 还是 你 点 吧。
　　　 Wǒ kànbudǒng càidān, háishi nǐ diǎn ba.

李： 有 鱼 有 肉, 你 喜欢 吃 什么 呢?
　　 Yǒu yú yǒu ròu, nǐ xǐhuan chī shénme ne?

吉田： 什么 都 可以, 就是 有点儿 怕 辣。
　　　 Shénme dōu kěyǐ, jiùshi yǒudiǎnr pà là.

李： 这个 饭馆儿 不错, 而且 比较 便宜。
　　 Zhèige fànguǎnr búcuò, érqiě bǐjiào piányi.

吉田： 这么 好吃 的 菜, 在 日本 吃不到。
　　　 Zhème hǎochī de cài, zài Rìběn chībudào.

....

李： 怎么? 你 不 吃 了?
　　 Zěnme? Nǐ bù chī le?

吉田： 我 吃饱 了, 一点儿 也 吃不下 了。
　　　 Wǒ chībǎo le, yìdiǎnr yě chībuxià le.

李： 那 我们 去 唱 卡拉OK 吧, 看看 谁 唱得 好。
　　 Nà wǒmen qù chàng kǎlā OK ba, kànkan shéi chàngde hǎo.

吉田： 我 不行! 我 喜欢 听, 不过 自己 唱不好。
　　　 Wǒ bùxíng! Wǒ xǐhuan tīng, búguò zìjǐ chàngbuhǎo.

単語

请客 qǐng kè おごる, 客を招く　**随便** suíbiàn 自由に, 勝手に　**点菜** diǎn cài 料理を注文する　**看不懂** kànbudǒng 見てわからない　**菜单** càidān メニュー　**还是** háishi やはり　**怕** pà 恐れる, (〜に)弱い　**辣** là ひりひり辛い("甜" tián 甘い)　**饭馆儿** fànguǎnr レストラン, 料理店　**而且** érqiě そのうえ　**吃不到** chībudào (物がなくて)食べられない　**吃饱** chībǎo 食べてお腹いっぱいになる　**吃不下** chībuxià (お腹いっぱいで)食べられない　**卡拉OK** kǎlā OK カラオケ　**唱不好** chàngbuhǎo うまく歌えない

ポイント 9

1. 可能補語

動詞 ＋ 得 ／ 不 ＋ 結果補語・方向補語　　　（～できる ／ ～できない）

	～できる	～できない
看懂　（見てわかる） kàndǒng	看得懂 kàndedǒng	看不懂 kànbudǒng
写完　（書き終わる） xiěwán	写得完 xiědewán	写不完 xiěbuwán
做好　（うまく作る， zuòhǎo　　きちんとする）	做得好 zuòdehǎo	做不好 zuòbuhǎo
听清楚　（はっきり聞く） tīngqīngchu	听得清楚 tīngdeqīngchu	听不清楚 tīngbuqīngchu
进去　（入って行く） jìnqu	进得去 jìndequ	进不去 jìnbuqù
回来　（帰って来る） huílai	回得来 huídelái	回不来 huíbulái

我　看不懂　菜单。　　　　　　　　　中国菜，你　做得好　吗？
Wǒ　kànbudǒng　càidān.　　　　　　Zhōngguócài, nǐ　zuòdehǎo　ma?

饭馆儿　正　休息，进不去。　　　　你　一　天　回得来　回不来？
Fànguǎnr　zhèng　xiūxi, jìnbuqù.　　Nǐ　yì　tiān　huídelái　huíbulái?

▶ 比較：　这么　好喝　的　酒，在　日本　喝不到。　（物がなくて飲めない）
　　　　　Zhème　hǎohē　de　jiǔ, zài　Rìběn　hēbudào.

　　　　　我　喝多　了，喝不下　了。　（飲みすぎて飲めない）
　　　　　Wǒ　hēduō　le, hēbuxià　le.

　　　　　病　还　没　好，我　不　能　喝　酒。　（禁止されて飲めない）
　　　　　Bìng　hái　méi　hǎo, wǒ　bù　néng　hē　jiǔ.

2. 強調表現

〈一点儿 ＋ 也 ＋ 不 ／ 没 ～〉　少しも～でない

我　一点儿　也　不　累。　　　　　一点儿　也　没　意思。
Wǒ　yìdiǎnr　yě　bú　lèi.　　　　　Yìdiǎnr　yě　méi　yìsi.

〈疑問詞 ＋ 都 ／ 也 ～〉

什么　都　可以。　　　谁　都　知道。　　　哪儿　也　没　有。
Shénme　dōu　kěyǐ.　　Shéi　dōu　zhīdao.　　Nǎr　yě　méi　yǒu.

▶ "也" は，基本的に肯定文では用いることができない。

トレーニング 9

1 本文中の表現を用いて，中国語で言い表わしましょう。

(1) (2) (3) (4)

2 （ ）の中に適切な可能補語を選んで入れ，さらに訳しましょう。

(1) 我 看 书 看得 很 慢，这 本 书 一 个 星期 看（　　）。
Wǒ kàn shū kànde hěn màn, zhèi běn shū yí ge xīngqī kàn

　　　　　　㋐ 不懂　㋑ 不完　㋒ 不到

(2) 我 不 喜欢 做 饭，而且 做（　　）。
Wǒ bù xǐhuan zuò fàn, érqiě zuò

　　　　　　㋐ 不完　㋑ 不好　㋒ 不清楚

(3) 我 已经 学 了 几 个 月 汉语，可是 还 看（　　）中文 报。
Wǒ yǐjing xué le jǐ ge yuè Hànyǔ, kěshì hái kàn Zhōngwén bào.

　　　　　　㋐ 不懂　㋑ 不到　㋒ 不清楚

3 語を並べかえ，中国語に訳しましょう。

(1) 時間が足りなくて，私は書き終えることができません。

（ 完　够　写　我　不　不　时间 ）
　 wán gòu xiě wǒ bù bu shíjiān

(2) 最近あまりに暑くて，私は夜よく眠れません。

（ 好　热　不　我　太　了　睡　最近　晚上 ）
　 hǎo rè bu wǒ tài le shuì zuìjìn wǎnshang

(3) 私は少しものどが渇いていないので，何も要りません。

（ 渴　不　不　也　也　要　我　什么　一点儿 ）
　 kě bù bù yě yě yào wǒ shénme yìdiǎnr

トレーニング 9

4 本文の内容に関して，CDの質問に答えましょう。　　　　　　　　　　　　CD 45

(1) _____

(2) _____

(3) _____

5 CDの質問に答えましょう。　　　　　　　　　　　　　　　　　　　　　　CD 46

(1)　　　　　　　　　　　(2)　　　　　　　　　　　(3)

----------------------　----------------------　----------------------

―ひと口メモ―

　中国料理の名前には，食材をはじめ調理法，包丁の入れ方などが盛り込まれていて，基本的には「味付け＋調理法＋材料＋材料の形」の順で表現されています。例えば，"**酱爆鸡丁**"であれば，みそ味（"**酱**" jiàng）で，高温の油でさっと炒めた（"**爆**" bào），とり肉（"**鸡**" jī）の，さいの目切り（"**丁**" dīng），つまり「とり肉のみそ炒め」という料理です。

　調理法としては他に，"**炒**" chǎo（いためる），"**炸**" zhá（揚げる），"**烤**" kǎo（あぶる），"**熘**" liū（あんかけにする），"**蒸**" zhēng（蒸す）などがあり，メニューを見ながらどんな料理なのかを想像するのも楽しいでしょう。もしも，その店の得意料理（"**拿手菜**" náshǒucài）を食べたければ，ウェイター・ウェイトレス（"**服务员**" fúwùyuán）に遠慮なく聞くといいでしょう。

　また，コース風にひと通り注文したいのであれば，まず飲み物（"**饮料**" yǐnliào），前菜（"**冷盘**" lěngpán），次に肉，魚，野菜（"**蔬菜**" shūcài）などの料理を，最後にスープ（"**汤**" tāng），ご飯（"**米饭**" mǐfàn），フルーツ（"**水果**" shuǐguǒ）などの順にして，食後にお茶（"**茶水**" cháshuǐ）で締めくくります。ぜひ皆さんも本場（"**地道**" dìdao）の料理を味わってみてください。

第10课　太極拳を習おう

吉田：你　身体　真　好，经常　锻炼　吗？
　　　Nǐ shēntǐ zhēn hǎo, jīngcháng duànliàn ma?

王　：为了　减肥，我　每天　都　跑步　或者　游　泳。
　　　Wèile jiǎnféi, wǒ měitiān dōu pǎobù huòzhě yóu yǒng.

吉田：真　不　简单！我　也　在　打　太极拳。
　　　Zhēn bù jiǎndān! Wǒ yě zài dǎ tàijíquán.

王　：打　了　几　年　了？
　　　Dǎ le jǐ nián le?

吉田：刚　开始，跟　一　位　中国　老师　学。
　　　Gāng kāishǐ, gēn yí wèi Zhōngguó lǎoshī xué.

王　：早上　打　太极拳　很　舒服　吧？
　　　Zǎoshang dǎ tàijíquán hěn shūfu ba?

吉田：舒服　是　舒服，就是　有时候　很　困，起不来。
　　　Shūfu shì shūfu, jiùshi yǒushíhou hěn kùn, qǐbulái.

王　：坚持下去，一定　会　有　进步。
　　　Jiānchíxiàqu, yídìng huì yǒu jìnbù.

吉田：那　你　跟　我　一起　打，好　不　好？
　　　Nà nǐ gēn wǒ yìqǐ dǎ, hǎo bu hǎo?

王　：对不起，早上　我　想　多　睡　一会儿。
　　　Duìbuqǐ, zǎoshang wǒ xiǎng duō shuì yíhuìr.

単語

经常 jīngcháng いつも　**锻炼** duànliàn 体を鍛える　**为了** wèile ～のために　**减肥** jiǎnféi ダイエットをする　**跑步** pǎobù ジョギングをする　**或者** huòzhě あるいは　**不简单** bù jiǎndān 大したものだ　**打太极拳** dǎ tàijíquán 太極拳をする　**刚** gāng ～したばかり　**跟** gēn ～について(学ぶ)　**位** wèi 〈人を数える助数詞；敬意を含む〉　**舒服** shūfu 気持ちいい，心地よい　**是** shì 〈確認する語気を表わす〉（確かに）～だ　**有时候** yǒushíhou 時には　**困** kùn 眠い　**起不来** qǐbulái 起きられない　**坚持** jiānchí 粘り強く頑張る　**下去** xiàqu 続けていく　**会** huì ～のはずだ　**进步** jìnbù 進歩("有进步"上達する)

ポイント 10

1. 「目的」を表わす "为了"

为了 减肥, 我 每天 都 跑步。
Wèile jiǎnféi, wǒ měitiān dōu pǎobù.

为了 复印, 我 等 了 半 个 小时。　　＊复印（コピーをする）
Wèile fùyìn, wǒ děng le bàn ge xiǎoshí.

▶ 比較："为了" と "因为"（p.15）

为了 锻炼 身体, 他 经常 游 泳。（目的を表わす）
Wèile duànliàn shēntǐ, tā jīngcháng yóu yǒng.

因为 他 经常 锻炼, 身体 很 好。（原因・理由を表わす）
Yīnwèi tā jīngcháng duànliàn, shēntǐ hěn hǎo.

2. 「推測」を表わす "会"

你 一定 会 有 进步。　　今天 不 会 下 雨。
Nǐ yídìng huì yǒu jìnbù.　　Jīntiān bú huì xià yǔ.

▶ 肯定文は，文末に「断定の語気」を表わす "的" を用いることもできる。

她 会 参加 的。
Tā huì cānjiā de.

▶ "会" は他に「(習得して) できる」の意味でも用いる。

他 会 英语。　　我 不 会 开 车。　　＊开车（車を運転する）
Tā huì Yīngyǔ.　　Wǒ bú huì kāi chē.

3. "～了～了" の用法

主語（＋動詞＋目的語）＋動詞＋了＋時間量＋了

你 打 网球 打 了 几 年 了？　　＊网球（テニス）
Nǐ dǎ wǎngqiú dǎ le jǐ nián le?

我们 等 他 等 了 半天 了。
Wǒmen děng tā děng le bàntiān le.

▶ 「～して（今までに）どれだけの時間になる」という意味で用いられる。

▶ 比較： 我 学 了 两 年。　　（私は2年間学びました。）
Wǒ xué le liǎng nián.

我 学 了 两 年 了。　　（私は学んで2年になります。
Wǒ xué le liǎng nián le.　　→ 私は2年間学んでいます。）

トレーニング 10

1 本文中の表現を用いて，中国語で言い表わしましょう。

(1)　(2)　(3)　(4)

2 漢字に直し，訳しましょう。

(1) Wèile jiǎnféi, tā měitiān dōu jiānchí yóu yǒng.

(2) Xiūxi liǎng tiān, nǐ shēntǐ jiù huì hǎo de.

(3) Gāng lái de shíhou, wǒ jīngcháng gēn tā xué Hànyǔ.

3 語を並べかえ，中国語に訳しましょう。

(1) みんなを喜ばせるため，私はケーキをたくさん買いました。

（ 让　买　了　我　很　多　高兴　大家　蛋糕　为了 ）
　　ràng　mǎi　le　wǒ　hěn　duō　gāoxìng　dàjiā　dàngāo　wèile

(2) 半年も住んだら，あなたはそこの生活に慣れるでしょう。

（ 会　的　就　住　年　你　半　那儿　生活　习惯 ）
　　huì　de　jiù　zhù　nián　nǐ　bàn　nàr　shēnghuó　xíguàn

(3) 私は中国語を2年間勉強しています。

（ 了　了　学　学　两　我　年　汉语 ）
　　le　le　xué　xué　liǎng　wǒ　nián　Hànyǔ

トレーニング 10

4 本文の内容に関して，CDの質問に答えましょう。　　　　　　　　　　　CD 50

(1) ――――――――――――――――――――――――――

(2) ――――――――――――――――――――――――――

(3) ――――――――――――――――――――――――――

5 CDの質問に答えましょう。　　　　　　　　　　　　　　　　　　　CD 51

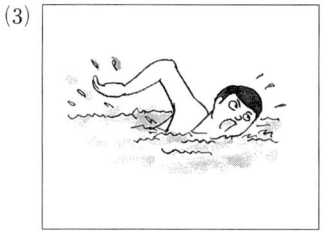

(1)　　　　　　　　　　　(2)　　　　　　　　　　　(3)

―――――――――　　　―――――――――　　　―――――――――

ひと口メモ

　中国の若者（"**年轻人**" niánqīngrén）の間で最も人気の高いスポーツ（"**体育运动**" tǐyù yùndòng）といえば，サッカー（"**足球**" zúqiú）です。学校におけるクラブ活動（"**课外活动**" kèwài huódòng）は，日本の学校ほど活発ではありませんが，放課後（"**下课以后**" xià kè yǐhòu）のグラウンド（"**操场**" cāochǎng）では元気いっぱいにボールを蹴りあう学生たちで埋まります。現在では，国内各地にプロのチーム（"**球队**" qiúduì）もあり，テレビでも連日のように試合（"**比赛**" bǐsài）が放送され，ファン（"**球迷**" qiúmí）の強い関心を集めています。

　他に，バスケットボール（"**篮球**" lánqiú），バドミントン（"**羽毛球**" yǔmáoqiú），バレーボール（"**排球**" páiqiú），卓球（"**乒乓球**" pīngpāngqiú）なども人気がありますが，太極拳は若い人はほとんどやらず，年配の人の間で一種の健康法として普及しています。早朝の公園（"**公园**" gōngyuán）では，練習に励む人の姿をよく見かけ，健康に対する人々の意識の高さがうかがい知れます。

第11课 水浒伝を楽しもう

李　：　我　的　小说　没　有　了，怎么　找　也　找不到。
　　　　Wǒ　de　xiǎoshuō　méi　yǒu　le, zěnme　zhǎo　yě　zhǎobudào.

吉田：　什么　书？
　　　　Shénme　shū?

李　：　《水浒传》。昨天　晚上　看到　了　十二　点，也　没　看完。
　　　　《Shuǐhǔzhuàn》. Zuótiān　wǎnshang　kàndào　le　shí'èr　diǎn, yě　méi　kànwán.

吉田：　别　着急，慢慢儿　找一找。
　　　　Bié　zháojí, mànmānr　zhǎoyizhao.

李　：　我　放在　桌子上　了，可能　被　人　拿走　了。
　　　　Wǒ　fàngzài　zhuōzishang　le, kěnéng　bèi　rén　názǒu　le.

吉田：　看来，你　很　喜欢　看　《水浒传》。
　　　　Kànlái, nǐ　hěn　xǐhuan　kàn　《Shuǐhǔzhuàn》.

李　：　是　的。这　本　书　在　中国　很　受　欢迎。
　　　　Shì　de. Zhèi　běn　shū　zài　Zhōngguó　hěn　shòu　huānyíng.

吉田：　我　看过　日文　的，非常　有　意思。
　　　　Wǒ　kànguo　Rìwén　de, fēicháng　yǒu　yìsi.

李　：　找到　了，我　就　借给　你。
　　　　Zhǎodào　le, wǒ　jiù　jiègěi　nǐ.

吉田：　不行，不行。我　可　看不懂　中文　的。
　　　　Bùxíng, bùxíng. Wǒ　kě　kànbudǒng　Zhōngwén　de.

単語

找不到 zhǎobudào 見つからない　　**水浒传** Shuǐhǔzhuàn 水滸伝（すいこでん）　　**看到～** kàndào～ ～まで見る　　**别** bié ～してはいけない（＝"不要"）　　**着急** zháojí 焦る　　**慢慢儿** mànmānr ゆっくりと　　**放在～** fàngzài～ ～に置く　　**桌子** zhuōzi テーブル，机　　**可能** kěnéng ～かもしれない　　**被** bèi ～される　　**拿走** názǒu （手に）持って行く　　**看来** kànlái （見たところ）～のようだ　　**的** de 〈断定の語気を表わす助詞〉　　**受欢迎** shòu huānyíng 歓迎される，人気がある　　**借** jiè 貸す，借りる（↔"还" huán 返す）　　**借给～** jiègěi～ ～に貸す　　**可** kě 〈語気を強める副詞〉とても，どうにも

ポイント 11

1. 結果補語 (2)

> 主語 ＋ 動詞 ＋ **結果補語（到・在・給）** ＋ 名詞

〈動詞 ＋ **到** ＋ 場所・時間〉　　…して～まで及ぶ

你们 学到 哪儿 了？　　　　我 看 书 看到 了 十二 点。
Nǐmen xuédào nǎr le?　　　　Wǒ kàn shū kàndào le shí'èr diǎn.

〈動詞 ＋ **在** ＋ 場所〉　　…して～にとどまる

她 住在 东京。　　　　我 放在 桌子上 了。
Tā zhùzài Dōngjīng.　　　　Wǒ fàngzài zhuōzishang le.

〈動詞 ＋ **给** ＋ 人〉　　…して～に渡す

明天 我 借给 你 一 本 小说。
Míngtiān wǒ jiègěi nǐ yì běn xiǎoshuō.

我 想 送给 她 一 个 礼物。　　＊礼物（プレゼント）
Wǒ xiǎng sònggěi tā yí ge lǐwù.

▶ 結果補語 (1) (p.27) と異なり，補語の後に必ず名詞を必要とする。

2. 「受身」を表わす "被"

> 主語 ＋ **被**（動作主）＋ 動詞（＋ 目的語）　　（～される）

那 本 书 被 弟弟 拿走 了。
Nèi běn shū bèi dìdi názǒu le.

我 的 钱 被 （人） 偷 了。　　＊偷（盗む）
Wǒ de qián bèi (rén) tōu le.

▶ "被" を用いなくても，文全体が受身の意味を表わす場合がある。

票 已经 卖完 了。　　（チケットはすでに売り切れた。）
Piào yǐjing màiwán le.

▶ 動詞自体が，「受身」を表わすものもある。

这 本 书 很 受 欢迎。
Zhèi běn shū hěn shòu huānyíng.

トレーニング 11

1 本文中の表現を用いて，中国語で言い表わしましょう。

(1) (2) (3) (4)

2 （ ）の中に適切な結果補語を選んで入れ，さらに訳しましょう。

(1) 我　的　中文　词典　忘（　　）电车里　了。
    Wǒ de Zhōngwén cídiǎn wàng   diànchēli le.

　　　　　　　　　　　　　　　　　㋐ 在　㋑ 到　㋒ 给

(2) 今天　没　课，我　睡（　　）了　一　点　才　起　床。
    Jīntiān méi kè, wǒ shuì   le yī diǎn cái qǐ chuáng.

　　　　　　　　　　　　　　　　　㋐ 在　㋑ 到　㋒ 给

(3) 这　是　我　送（　　）你　的　礼物，在　香港　买　的。
    Zhè shì wǒ sòng   nǐ de lǐwù, zài Xiānggǎng mǎi de.

　　　　　　　　　　　　　　　　　㋐ 在　㋑ 到　㋒ 给

3 語を並べかえ，中国語に訳しましょう。

(1) 私はきのう外で遅くまで働いていました。

（ 到　在　我　很　晚　了　工作　昨天　外边 ）
　 dào zài wǒ hěn wǎn le gōngzuò zuótiān wàibian

(2) どこに住んでいるのかと張さんから聞かれた。

（ 小　问　住　张　我　在　哪儿 ）
　 Xiǎo wèn zhù Zhāng wǒ zài nǎr

(3) 図書館に中国の雑誌があるが，誰かが借りて行ってしまった。

（ 被　借　有　走　了　人　中国　不过　杂志　图书馆 ）
　 bèi jiè yǒu zǒu le rén Zhōngguó búguò zázhì túshūguǎn

トレーニング 11

4　本文の内容に関して，CDの質問に答えましょう。　　　　　　　　　　　CD 55

(1) _____

(2) _____

(3) _____

5　CDの質問に答えましょう。　　　　　　　　　　　　　　　　　　　　　CD 56

(1)　　　　　　　　　　　　(2)　　　　　　　　　　　　(3)

--------------------　　--------------------　　--------------------

---

ひと口メモ

「水滸伝」は，元代（13〜14世紀）の原作を明代（14〜17世紀）の作家が補訂した大長編小説であり，北宋末（12世紀）に実際にあった農民（"农民" nóngmín）の反乱を下地に，次第にできあがった語りものを基盤にしています。水沢の要塞・梁山泊に集結した108人の個性豊かな英雄豪傑たちの活躍を描き，長く読みつがれ，民衆の支持を得てきたため，中国の四大古典小説（"四大奇书" sìdà qíshū）の一つに数えられています。"四大奇书"は他に，諸葛孔明（"诸葛亮" Zhūgě Liàng）・関羽（"关羽" Guānyǔ）ら多種多様の英雄豪傑たちの姿を描いた「三国志演義」（《三国演义》Sānguóyǎnyì），三蔵法師が孫悟空（"孙悟空" Sūnwùkōng）・猪八戒（"猪八戒" Zhūbājiè）らをつれ，種々の妖怪を降伏させながらインドに経典を取りに行く様を描いた「西遊記」（《西游记》Xīyóujì），明代社会の生態を写実的に描いた「金瓶梅」（《金瓶梅》Jīnpíngméi）があり，これらはすべて世界中で翻訳（"翻译" fānyì）されたり，映画化されてDVDにもなっています。興味のある方は，ぜひ鑑賞（"欣赏" xīnshǎng）してみてください。

第12课 春節を過ごそう

李　：你 快 回 国 了，欢迎 再 来！
　　　Nǐ kuài huí guó le, huānyíng zài lái!

吉田：谢谢 你 的 帮助。我 可以 给 你 写 信 吗？
　　　Xièxie nǐ de bāngzhù. Wǒ kěyǐ gěi nǐ xiě xìn ma?

李　：当然。明年 春节 你 能 来 北京 过 年 吗？
　　　Dāngrán. Míngnián Chūnjié nǐ néng lái Běijīng guò nián ma?

吉田：现在 还 说不定。因为 我 得 打 工 挣 钱。
　　　Xiànzài hái shuōbudìng. Yīnwèi wǒ děi dǎ gōng zhèng qián.

李　：春节 是 中国 最 热闹 的 节日，一定 来 吧。
　　　Chūnjié shì Zhōngguó zuì rènao de jiérì, yídìng lái ba.

吉田：我 在 电视上 看到过，家家 都 包 饺子。
　　　Wǒ zài diànshìshang kàndàoguo, jiājiā dōu bāo jiǎozi.

李　：是 啊，我 家 也 一样。
　　　Shì a, wǒ jiā yě yíyàng.

吉田：中国人 为什么 把 "福" 字 倒着 贴 呢？
　　　Zhōngguórén wèishénme bǎ "fú" zì dàozhe tiē ne?

李　：因为 "倒" 和 "到" 发音 一样，是 "福 到(倒) 了" 的 意思。
　　　Yīnwèi "dào" hé "dào" fāyīn yíyàng, shì "fú dào(dào) le" de yìsi.

吉田：那 "福" 能 到 我 这儿 来 就 好 了！
　　　Nà "fú" néng dào wǒ zhèr lái jiù hǎo le!

单語

快～了 kuài～le もうすぐ～だ　**帮助** bāngzhù 助ける，助け　**信** xìn 手紙　**春节** Chūnjié 春節(旧正月)　**过年** guò nián 新年を祝う，年を越す　**说不定** shuōbudìng はっきり言えない　**挣** zhèng かせぐ　**节日** jiérì 祝祭日　**看到** kàndào 見える，見かける　**家家** jiājiā どの家(も)　**把** bǎ ～を(～する)〔ポイントの2参照〕　**倒** dào 逆さまにする　**到** dào 到着する，やって来る / ～まで，～に

ポイント 12

1. "快～了" の用法

（主語＋）**快**＋述語＋**了**　　（もうすぐ～だ）

他 **快** 回国 **了**。　　**快** 考试 **了**。
Tā kuài huí guó le.　　Kuài kǎoshì le.

我 **快** 二十 岁 **了**。　　我 学 汉语 **快** 两 年 **了**。
Wǒ kuài èrshí suì le.　　Wǒ xué Hànyǔ kuài liǎng nián le.
　　＊岁（～歳）

▶ "了" は，「語気」を表わす（p.23）。

▶ "快～了" は，"要～了" または "快要～了" としてもよい。ただし述語が名詞のときは，"要～了" は用いることができない。　×我要二十岁了。

快 下 课 **了**。　　**要** 下 课 **了**。　　**快要** 下 课 **了**。
Kuài xià kè le.　　Yào xià kè le.　　Kuàiyào xià kè le.

2. 介詞 "把"

"把" は，動詞の目的語を動詞の前に引き出すときに用いる介詞である。目的語は一般に特定のものであり，動詞の後には付加成分が必要となる。

你 念 一下 课文。　→　你 **把** 课文 念 一下。
Nǐ niàn yíxià kèwén.　　Nǐ bǎ kèwén niàn yíxià.

主語＋**把**＋目的語＋動詞＋付加成分（了，一下，補語など）

我 **把** 那 件 衣服 洗 了。　　（動詞＋了）
Wǒ bǎ nèi jiàn yīfu xǐ le.

请 你 **把** 地址 写 一下。　　（動詞＋一下）　＊地址（住所）
Qǐng nǐ bǎ dìzhǐ xiě yíxià.

你 **把** 门 开开。　　（動詞のかさね型）
Nǐ bǎ mén kāikai.

你 **把** 照相机 带来 了 吗？　　（動詞＋補語）　＊照相机（カメラ）
Nǐ bǎ zhàoxiàngjī dàilai le ma?

▶ 「～を，ある場所に（まで）…する」と言うときは，目的語を動詞の後に置くことができず，"把" を用いなければならない。

你 **把** 书 放在 这儿 吧！　　我 **把** 她 送到 车站 了。
Nǐ bǎ shū fàngzài zhèr ba!　　Wǒ bǎ tā sòngdào chēzhàn le.

▶ "不／没"，および助動詞は，"把" の前に置く。

你 不 应该 **把** 这 件 事 告诉 他。
Nǐ bù yīnggāi bǎ zhèi jiàn shì gàosu tā.

トレーニング 12

1 本文中の表現を用いて，中国語で言い表わしましょう。

(1)　(2)　(3)　(4)

2 "把"を用いて，文を書きかえましょう。

(1) 我　看完　《水浒传》　了。
　　Wǒ　kànwán　《Shuǐhǔzhuàn》　le.

(2) 你　借给　我　照相机　用用，　行　吗？
　　Nǐ　jiègěi　wǒ　zhàoxiàngjī　yòngyong,　xíng　ma?

(3) 我　的　笔记本　被　同学们　借走　了。　　＊笔记本（ノート）
　　Wǒ　de　bǐjìběn　bèi　tóngxuémen　jièzǒu　le.

3 語を並べかえ，中国語に訳しましょう。

(1) もうすぐ休みになりますが，あなたはどんな予定がありますか。

　　（ 快　了　放　有　假　你　什么　打算 ）
　　　　kuài　le　fàng　yǒu　jià　nǐ　shénme　dǎsuan

(2) 私は食べられません，料理を持ち帰れますか。

　　（ 把　了　我　吗　菜　可以　带走　吃不下 ）
　　　　bǎ　le　wǒ　ma　cài　kěyǐ　dàizǒu　chībuxià

(3) 私はまだ宿題をやり終えていません。

　　（ 没　完　把　做　还　我　作业 ）
　　　　méi　wán　bǎ　zuò　hái　wǒ　zuòyè

トレーニング 12

4 本文の内容に関して，CDの質問に答えましょう。　　　　　　　　　　CD 60

(1) _____

(2) _____

(3) _____

5 CDの質問に答えましょう。　　　　　　　　　　　　　　　　　　　　CD 61

(1)　　　　　　　　　　(2)　　　　　　　　　　(3)

_____　　_____　　_____

──ひと口メモ──

　　中国では，伝統的に正月を旧暦（"**农历**" nónglì）で祝う習慣があり，毎年この時期は街中がお祝いの赤（"**红色**" hóngsè）一色に染まります。大みそか（"**除夕**" chúxī）には，帰省（"**探亲**" tàn qīn）した家族も交えて，一家だんらんの食事（"**团圆饭**" tuányuánfàn）を楽しみ，餃子や魚などの料理がテーブルいっぱいに並べられます。餃子は"饺"と"交"が同音であるところから，新年と旧年が交わるときに食べる習慣があると言われ，"饺子"と同音の"交子"が「子供を授かる」という意味があるところからも縁起のよい（"**吉利**" jílì）ものとして好まれています。また，魚は"**年年有余**" niánnián yǒu yú（どの年も余裕がある）の"余"と"鱼"が同音であるため，一種の願掛けとされています。春節の三連休を人々は，年始回りをして（"**拜年**" bài nián），"**新年好！**" Xīnnián hǎo!（あけましておめでとう）と挨拶を交わしたり，旧友と会ったり（"**看老朋友**" kàn lǎopéngyou），あるいは縁日をぶらついて出し物（"**演出**" yǎnchū）を見たり，麻雀をしたり（"**打麻将**" dǎ májiàng）して楽しく過ごします。ただ残念ながら，一部の大都市では魔除けの意味もある爆竹が安全と環境保護のために，禁止あるいは制限されていて，以前ほどの賑やかさがなくなりました。

手紙を書こう　　　　　　　　吉田君から李さんへ

李　小姐：
Lǐ　xiǎojie:

你 好！ 我 回到 日本 已经 有 一 个 多 星期 了。 因为
Nǐ hǎo! Wǒ huídào Rìběn yǐjing yǒu yí ge duō xīngqī le. Yīnwèi
忙， 一直 没 给 你 写 信， 请 多 原谅！
máng, yìzhí méi gěi nǐ xiě xìn, qǐng duō yuánliàng!
这次 去 北京， 爬 长城、 看 京剧、 吃 烤鸭， 去 了 很
Zhèicì qù Běijīng, pá Chángchéng, kàn jīngjù, chī kǎoyā, qù le hěn
多 地方。 另外， 我 还 认识 了 李 小姐， 而且 跟 你 一起 看
duō dìfang. Lìngwài, wǒ hái rènshi le Lǐ xiǎojie, érqiě gēn nǐ yìqǐ kàn
了 香港 电影， 吃 了 不 少 在 日本 吃不到 的 中国菜。
le Xiānggǎng diànyǐng, chī le bù shǎo zài Rìběn chībudào de Zhōngguócài.
这次 旅行 给 我 的 印象 很 深， 在 北京 的 生活
Zhèicì lǚxíng gěi wǒ de yìnxiàng hěn shēn, zài Běijīng de shēnghuó
也 很 让 人 怀念。 回 日本 的 时候， 你 问 我 春节 能
yě hěn ràng rén huáiniàn. Huí Rìběn de shíhou, nǐ wèn wǒ Chūnjié néng
不 能 去 北京 过 年， 我 当时 的 回答 是 "还 说不定"。
bu néng qù Běijīng guò nián, wǒ dāngshí de huídá shì "hái shuōbudìng".
现在， 我 已经 决定 明年 春节 一定 去 北京。 要是 可能，
Xiànzài, wǒ yǐjing juédìng míngnián Chūnjié yídìng qù Běijīng. Yàoshi kěnéng,
我 想 在 北京 留学 一 年， 那时 恐怕 会 给 你 添 很
wǒ xiǎng zài Běijīng liúxué yì nián, nàshí kǒngpà huì gěi nǐ tiān hěn
多 麻烦， 请 多 关照！
duō máfan, qǐng duō guānzhào!
请 向 你 父母 问 好。 希望 你 常 来 信。
Qǐng xiàng nǐ fùmǔ wèn hǎo. Xīwàng nǐ cháng lái xìn.
祝 你
Zhù nǐ
工作 顺利， 生活 愉快！
gōngzuò shùnlì, shēnghuó yúkuài!

　　　　　　　　　　　　　　　　　　　　　　　　吉田　刚
　　　　　　　　　　　　　　　　　　　　　　　　Jítián　Gāng

4 月 15 日

"中国朋友"と話そう

1. **初対面で**

    你叫什么名字？

    你今年多大了？

    你住在哪儿？

    你的电话号码是多少？

    你在学习，还是在工作？

    你来日本多长时间了？

    你打算待到什么时候？

2. **生活について**

    你在日本过得怎么样？

    日本的生活，你习惯了吗？

    日本和中国，生活习惯有什么不同？

    你喜欢吃日本菜吗？

    生鱼片，你吃得惯吗？

3. **学習について**

    你在哪儿学习？

    你的专业是什么？

    你今年几年级？

    你学习忙不忙？

    你每天都有课吗？

    你来日本以前学过日语吗？

    电视的新闻，你听得懂吗？

4. **余暇について**

    你星期几有空儿？

    休息的时候，你干什么？

    今年暑假你有什么打算？

    你的爱好是什么？

    你经常锻炼身体吗？

    卡拉OK你会唱什么歌儿？

    你去过日本的哪些地方？

    你最想去哪儿旅游？

    你现在打工吗？

5. **家族について**

    你老家在哪儿？

    你家有什么人？

    你父亲做什么工作？

    你父母都好吗？

6. **その他**

    毕业以后，你打算干什么？

    你日本朋友多吗？

    你有没有男(女)朋友？

    你对日本的什么最感兴趣？

    你觉得日本的大学生怎么样？

    日本的歌手，你喜欢谁？

重要語をマスターしよう

是 (1) 〈判断・説明を表わす〉～である

她大概**是**上海人吧。　　　　　　春节**是**中国最热闹的节日。

(2) 〈肯定の返事〉はい，そうです

看来，你喜欢看小说。　　——　　**是**啊，很喜欢。

(3) 〈"(是)～的"として，動作が行なわれた時・所・方法などを強調する〉

你**是**从哪儿来的？　　——　　我**是**从香港来的。

你们**是**怎么来的？　　——　　我们**是**坐车来的。

(4) 〈確認する語気を表わす〉（確かに）～だ

快餐方便**是**方便，不过不太好吃。

有 (1) 〈所有を表わす〉持っている，ある

我**有**一本中文词典。　　　　　　我星期六没**有**课。

(2) 〈存在を表わす〉ある，いる

那儿**有**一家商场。　　　　　　　你家**有**什么人？

(3) 〈不定のものを提示する〉ある～

有人说，这个电影很有意思。　　**有**些字容易写错。

在 (1) 〈存在を表わす〉ある，いる

你们学校**在**哪儿？　　　　　　　明天我不**在**家。

(2) 〈ある場所〉～で，～に

你**在**哪儿学汉语？　　　　　　　我想**在**北京留学一年。

(3) 〈結果補語として用いる〉…して～にとどまる

你住**在**哪儿？　　　　　　　　　我忘**在**学校里了。

(4) 〈動作の進行を表わす〉～している

我**在**打太极拳。　　　　　　　　她正**在**学日语呢。

要 (1) 欲しい，必要とする

我**要**乌龙茶。 去长城**要**两个半小时。

(2) 〜しなければならない（＝"得"）

你**要**多穿衣服。 我**要**打电话告诉他。

(3) もうすぐ〜だ

要放假了。 快**要**过年了。

好 (1) よい

这本小说很**好**。 我唱得不**好**。

(2) 健康である

你身体真**好**。 小李，你**好**吗？

(3) 〈同意・承諾を表わす〉よろしい，はい（＝"行"）

好，请等一等。 你跟我一起去，**好**不**好**？

(4) 〜しやすい（＝"容易"）

刚才的电影比较**好**懂。 这个字不**好**写。

(5) 〈結果補語として用いる〉〜して完成する，満足な状態になる

菜做**好**了，请吃吧。 衣服还没洗**好**。

多 (1) 多い

今天人特别**多**。 他有很**多**朋友。

(2) 多く，余分に

早上我想**多**睡一会儿。 我给你**多**买了一些。

(3) どのくらい〜

他今年**多**大了？ 你来日本**多**长时间了？

(4) 〈端数を表わす〉〜あまり

他今年三十**多**了。 长城有两千**多**年的历史。

(5) 〈"多了"として〉（比較して）ずっと〜

我们买东西方便**多**了。 车票比去年贵**多**了。

61

的 (1) 〈修飾語と被修飾語を結ぶ助詞〉～の

谢谢你**的**帮助。　　　　　　这是我朋友送给我**的**。

(2) 〈"(是)～的"として，動作が行なわれた時・所・方法などを強調する〉

你是什么时候来日本**的**？　　你们怎么认识**的**？

(3) 〈断定の語気を表わす助詞〉

他会参加**的**。　　　　　　　好**的**，我一定帮助你。

得 (1) děi ～しなければならない（＝"要"）

我**得**打工挣钱。　　　　　　我**得**再考一次英语。

(2) de 〈動作の様態を表わす補語を導く助詞〉

你来**得**怎么这么晚？　　　　我汉语考**得**不好。

(3) de 〈可能を表わす助詞〉

中国菜，你做**得**好吗？　　　你一天回**得**来回不来？

不 (1) 〈否定の返事〉いいえ

你也去吗？　　　——　　　　**不**，我不去。

(2) （主観的・客観的に）～でない，～しない

今天**不**是星期四。　　　　　她**不**像她妈妈。
现在我**不**吃饭。　　　　　　我**不**常喝花茶。
我**不**喜欢他。　　　　　　　我**不**知道她叫什么名字。
我的钱**不**够。　　　　　　　我有点儿**不**高兴。

(3) 〈不可能を表わす助詞〉

我看**不**懂菜单。　　　　　　晚上我睡**不**好。

没(有) (1) 〈所有・存在に対する否定〉

我**没有**钱。　　　　　　　　那儿**没有**饺子。

(2) 〈動作の完了・過去の経験・動作の進行・状態の持続を否定する〉

我昨天**没有**去。　　　　　　我还**没有**去过中国。
他们**没有**(在)锻炼。　　　　我**没有**带着词典。

(3) （比較して）～に及ばない

汉语**没有**英语难。　　　　　上海**没有**北京那么冷。

単語リスト

* ☐内の数字は初出の課。囲は「復習1・2」、囲は「手紙を書こう」、囲は「"中国朋友"と話そう」、囲は「重要語をマスターしよう」を表わす。「ひと口メモ」は含まず。

A

a	啊	〈話し手の感情を添える助詞〉	4
ài	爱	好む，愛する	2
àihào	爱好	趣味（とする）	6

B

bǎ	把	～を（～する）	12
bàba	爸爸	お父さん	8
ba	吧	①〈要請〉～しなさい	2
		②〈勧誘〉～しましょう	2
		③〈推測〉～でしょう	2
bǎi	百	百	8
bànfǎ	办法	方法（"没办法"仕方がない）	4
bàn	半	～半，2分の1	4
bàntiān	半天	長い時間，半日	6
bāngzhù	帮助	助ける，助け	12
bàngqiú	棒球	野球	復
bāo	包	包む	12
bāozi	包子	中華まん	6
bào	报	新聞	5
bēi	杯	～杯	2
Běijīng	北京	北京（ぺきん）	1
Běijīngrén	北京人	北京の人	2
bèi	被	〈受身〉～される	11
běn	本	～冊	復
bǐ	比	〈比較〉～より	復
bǐjiào	比较	比較的に，わりに	1
bǐsài	比赛	試合（する）	2
bǐjìběn	笔记本	ノート	12
bì yè	毕业	卒業（する）	囲
biàn	遍	〈動作の全過程をさす〉～回	復
bié	别	～してはいけない（＝"不要"）	1
bīn	宾	客	5

bìng	病	病気(になる，をする)	4
bù	不	①〈否定の返事〉いいえ	囲
		②（主観的・客観的に）～でない，～しない	復
		③〈不可能を表わす助詞〉	9
búcuò	不错	よい，悪くない	復
búguò	不过	しかし	7
bù hǎoyìsi	不好意思	きまりが悪い，気が引ける，気恥ずかしい	1
bù jiǎndān	不简单	大したものだ	10
bù néng	不能	①〈能力的・条件的に〉できない	1
		②〈禁止〉～してはいけない	1
bú tài	不太	あまり～でない	5
bùtóng	不同	違い，違う	囲
bùxíng	不行	だめだ	5
bú yào	不要	要らない	9
búyào	不要	～してはいけない	1
bù yídìng	不一定	①～とは限らない	7
		②決まっていない	8
búyòng	不用	～する必要はない	1

C

cái	才	やっと，ようやく	4
cài	菜	料理，おかず	9
càidān	菜单	メニュー	9
cānjiā	参加	参加する	2
chá	茶	お茶	2
chá	查	調べる（"查词典"辞書を引く）	5
chàbuduō	差不多	およそ，約	4
cháng	长	長い	4
Chángchéng	长城	万里の長城	4
cháng	尝	味わう，賞味する	2
cháng	常	常に，よく（"不常"めったに）	2
chángcháng	常常	常に，よく	復

chàng	唱	歌う	復				に	12
chàngbuhǎo	唱不好	うまく歌えない	9				③〈結果補語〉～して達成する	5
chē	车	車	10				④〈結果補語〉～して～まで及ぶ	11
chēzhàn	车站	駅	復		dào	倒	逆さまにする	12
Chéng Lóng	成龙	ジャッキー・チェン	7		de	的	①〈修飾語と被修飾語を結ぶ助詞〉～の	復
chī	吃	食べる	復				②〈動作の時・所・方法などを強調する助詞〉	復
chībǎo	吃饱	食べてお腹いっぱいになる	9				③〈断定の語気を表わす助詞〉	10
chībudào	吃不到	（物がなくて）食べられない	9		de	得	①〈様態を表わす補語を導く助詞〉	復
chībuxià	吃不下	（お腹いっぱいで）食べられない	9				②〈可能を表わす助詞〉	9
chīdeguàn	吃得惯	食べ慣れている、口に合う（↔吃不惯）	中		děi	得	～しなければならない	復
chídào	迟到	遅刻する	4		děng	等	待つ	7
chū	出	出る（↔ jìn 进）	8		dìfang	地方	場所，箇所	1
chūlai	出来	出て来る	8		dìzhǐ	地址	住所	12
chūqu	出去	出て行く	8		dìdi	弟弟	弟	11
chuān	穿	着る，履く	1		dì	第	第	5
Chūnjié	春节	春節	12		diǎn	点	～時	復
cí	词	語，単語	5		diǎn cài	点菜	料理を注文する	9
cídiǎn	词典	辞書	復		diǎnr	点儿	少し（＝"一点儿"）	2
cì	次	～回	復		diànchē	电车	電車	3
cóng	从	（起点としての）～から	復		diànhuà	电话	電話	3
cuò	错	間違っている	5		diànhuà hàomǎ	电话号码	電話番号	中
					diànnǎo	电脑	パソコン	5
	D				diànshì	电视	テレビ	6
dǎ	打	打つ	復		diànyǐng	电影	映画	復
dǎ gōng	打工	アルバイトをする	1		diàn	店	～店（"书店"書店）	6
dǎsuan	打算	①～する予定である	1		Dōngjīng	东京	東京	11
		②予定	12		dōngxi	东西	物，品物	6
dà	大	大きい	復		dǒng	懂	わかる，理解する	5
dàgài	大概	たぶん，おおかた	2		dōu	都	いずれも，みな	復
dàjiā	大家	みんな，皆さん	10		duànliàn	锻炼	鍛える	10
dàxué	大学	大学	復		duì	对	①正しい（↔ cuò 错）	5
dàxuéshēng	大学生	大学生	中				②～について，～に対して	中
dāi	待	滞在する	中		duìbuqǐ	对不起	すみません	1
dài	带	携帯する	7		duō	多	①多い	復
dàifu	大夫	医者	8				②多く，余分に	1
dàngāo	蛋糕	ケーキ	10				③どのくらい～	4
dāngrán	当然	当然だ，もちろん	12				④～あまり（端数）	4
dāngshí	当时	当時，そのとき	中		duō cháng	多长	どのくらい長い	4
dǎoméi	倒霉	運が悪い	4		duō dà	多大	どのくらい大きい，何歳	4
dào	到	①到着する	4					
		②〈介詞〉～まで，～						

pinyin	汉字	意味	課
duōle	多了	（比較して）ずっと〜	6
duōshao	多少	どのくらいの数	復

E

pinyin	汉字	意味	課
è	饿	空腹である	4
érqiě	而且	そのうえ，しかも	9

F

pinyin	汉字	意味	課
fāyīn	发音	発音	1
fānyì	翻译	翻訳する，通訳	7
fántǐzì	繁体字	繁体字	5
fàn	饭	食事，ご飯	復
fàndiàn	饭店	ホテル	6
fànguǎnr	饭馆儿	レストラン，料理店	9
fāngbiàn	方便	便利である	6
fàng	放	置く，〜に入れる	11
fàng jià	放假	休みになる	1
fēicháng	非常	非常に	復
fēn zhōng	分钟	〜分間	4
fēngjǐng	风景	風景，景色	4
fú	福	福	12
fùmǔ	父母	両親	手
fùqin	父亲	父（↔ mǔqin 母亲）	中
fùjìn	附近	付近，近所	6
fùxí	复习	復習する	4
fùyìn	复印	コピーをする	10

G

pinyin	汉字	意味	課
gǎn xìngqu	感兴趣	興味を覚える	中
gàn	干	やる，する	1
gāng	刚	〜したばかりである	10
gāngcái	刚才	たった今，先ほど	7
gāoxìng	高兴	うれしい，喜ぶ	復
gāozhōng	高中	高校	3
gàosu	告诉	告げる，知らせる	復
gēge	哥哥	兄	1
gēr	歌儿	歌	6
gēshǒu	歌手	歌手	中
ge	个	〈一般的な物を数える助数詞〉	復
gěi	给	① あげる，くれる	復
		② 〜に，〜のために	復
		③ 〈結果補語〉〜して〜に渡す	11
gēn	跟	① 〜と，〜に対して	復
		② 〜について（学ぶ）	10
gèng	更	なおさら，もっと	5
gōngzuò	工作	仕事(をする)，働く	復
gōngyù	公寓	マンション，アパート	7
gòu	够	足りる	8
guān	关	閉める，閉じる	6
guānzhào	关照	面倒をみる	手
guàng	逛	ぶらつく	6
guì	贵	（値段が）高い	復
guó	国	国（"回国"帰国する）	1
guò	过	①（ある場所を）通る，過ぎる	8
		②（時間が）経つ，過ぎる	7
guo	过	〈過去の経験〉〜したことがある	復
guòlai	过来	近づいて来る	8
guòqu	过去	遠ざかって行く	8
guò nián	过年	新年を祝う，年を越す	12

H

pinyin	汉字	意味	課
hái	还	①（他に）まだ	復
		②（依然として）まだ	1
		③ まあまあ，まずまず	1
háishi	还是	①〈選択疑問〉それとも	復
		② やはり	9
Hànyǔ	汉语	中国語	復
Hànzì	汉字	漢字	5
hǎo	好	① よい	復
		② 健康である	2
		③ よろしい	6
		④ 〜しやすい	7
		⑤〈結果補語〉〜して完成する，満足な状態になる	5
hǎochī	好吃	（食べて）おいしい	復
hǎohē	好喝	（飲んで）おいしい	復
hǎojiǔ	好久	久しい間	7
hǎowánr	好玩儿	（遊んでみて）面白い	1
hē	喝	飲む	復
hé	和	〈接続詞〉〜と	12
hēibǎn	黑板	黒板	7

pinyin	中文	日本語	番号
hěn	很	たいへん，とても	復
huāchá	花茶	ジャスミン茶などのお茶	2
huáiniàn	怀念	懐かしく思う	手
huānyíng	欢迎	歓迎する	1
huán	还	返す	11
huí	回	帰る，戻る	1
huíbulái	回不来	帰って来られない	9
huídelái	回得来	帰って来られる	9
huídá	回答	返答（する）	手
huílai	回来	帰って来る	8
huíqu	回去	帰って行く	8
huì	会	①（習得して）できる	復
		②〈推測〉〜するはずだ，〜でしょう	10
hóngchá	红茶	紅茶	復
huǒchē	火车	列車	4
huòzhě	或者	あるいは	10

J

pinyin	中文	日本語	番号
jíle	极了	すごく	6
jǐ	几	いくつ	復
jiā	家	① 家，家庭	復
		②〈店などを数える助数詞〉〜軒	6
jiājiā	家家	どの家（も）	12
jiāli	家里	家の中，家庭	2
jiānchí	坚持	粘り強く頑張る	10
jiǎnféi	减肥	ダイエットをする	10
jiǎndān	简单	簡単である	10
jiǎntǐzì	简体字	簡体字	5
jiàn	见	会う	8
jiàn	件	〈衣類・事柄などを数える助数詞〉	12
jiànkāng	健康	健康である	1
jiāo	交	交わる	3
jiāo	教	教える	復
jiǎozi	饺子	ギョーザ	12
jiào	叫	①（名前は）〜と言う	3
		②〈使役〉〜させる，〜するように言う	8
		③〈受身〉〜される	11
jiérì	节日	祝祭日	12
jié hūn	结婚	結婚（する）	中
jiějie	姐姐	姉	8
jièshào	介绍	紹介（する）	3
jiè	借	借りる，貸す	11
jīnnián	今年	今年	3
jīntiān	今天	今日	復
jìn	进	入る（↔chū 出）	8
jìnbuqù	进不去	入って行けない	9
jìndeqù	进得去	入って行ける	9
jìnbù	进步	進歩（する）	10
jìnlai	进来	入って来る	8
jìnqu	进去	入って行く	8
jīngjù	京剧	京劇	1
jīngcháng	经常	いつも，常に	10
jiǔ	酒	酒	復
jiù	就	①（時間的に早いなどで）もう，早くも	4
		②（条件をうけて）それなら，そうしたら	4
jiùshi	就是	ただし	6
juédìng	决定	決定する，決める	手
juéde	觉得	感じる，（感覚的に）思う	8

K

pinyin	中文	日本語	番号
kāfēi	咖啡	コーヒー	復
kǎlāOK	卡拉OK	カラオケ	9
kāi	开	① 開ける，開く	6
		② 運転する	3
kāishǐ	开始	始める，始まる	復
kàn	看	見る，読む	復
kànbudǒng	看不懂	見てわからない	9
kàndedǒng	看得懂	見てわかることができる	9
kàndào	看到	見える，見かける	12
kàndǒng	看懂	見てわかる	5
kànlái	看来	見たところ〜のようだ	11
kǎo	考	テストをする（受ける）	5
kǎoshì	考试	テスト，テストをする（受ける）	5
kǎoyā	烤鸭	アヒルの丸焼き	1
kě	可	① しかし（＝kěshì 可是）	2
		②〈語気を強める副詞〉とても，どうにも	11
kěnéng	可能	① 可能である	手
		② 〜かもしれない	11
kěshì	可是	しかし	2

kěyǐ	可以	①（条件的に）〜できる（＝néng 能）	1				和）	4
		②〈許可〉〜してよい，よろしい	1	liǎng	两	（数量としての）2	復
				liáo tiānr	聊天儿	雑談する	2
		③よい，悪くない	1	líng	零	ゼロ，0	5
kě	渴	のどが渇いている	9	lìngwài	另外	その他に	手
kèqi	客气	遠慮する，遠慮深い	1	liú xué	留学	留学(する)	手
kèren	客人	客	5	liúxuéshēng	留学生	留学生	6
kè	课	①授業	復	lù	路	道路	6
		②（テキストの）課	5	lǚxíng	旅行	旅行(する)	手
kèwén	课文	（テキストの）本文	5	lǚyóu	旅游	観光旅行(をする)	6
kǒngpà	恐怕	おそらく	手				
kòngr	空儿	ひま	3			**M**	
kuài	快	①（速度が）速い	復	māma	妈妈	お母さん	8
		②急ぐ	4	máfan	麻烦	①面倒である	5
kuài〜le	快〜了	もうすぐ〜だ	12			②面倒，厄介	手
kuàiyào〜le	快要〜了	もうすぐ〜だ	12	mápódòufu	麻婆豆腐	マーボードーフ	3
kuàicān	快餐	ファーストフード	6	ma	吗	〈疑問の助詞〉〜か	復
kuài	块	（中国の貨幣単位）元	8	mǎi	买	買う	復
kùn	困	眠い	5	mài	卖	売る	6
				màn	慢	（速度が）遅い	復
		L		mànmānr	慢慢儿	ゆっくりと	11
				máng	忙	忙しい	復
là	辣	ひりひり辛い	9	māo	猫	猫	8
lái	来	①来る	復	méi	没	〈"有"の否定〉	4
		②〈方向補語として用いる〉	8	méi bànfǎ	没办法	仕方がない	4
				méi yǒu	没有	①持っていない，ない	復
		③（人を促すときの）さあ	2			②存在しない，ない	6
						③（比較して）〜に及ばない	重
lái xìn	来信	手紙をよこす	手				
lǎojiā	老家	実家，故郷	4	méiyou	没有	〜しなかった，〜していない	復
lǎoshī	老师	先生	5				
le	了	①〈動作の完了を表わす助詞〉	復	měitiān	每天	毎日	2
				měi	美	（景色などが）美しい	4
		②〈変化・到達を表わす助詞〉	4	Měiguó	美国	アメリカ	復
				mèimei	妹妹	妹	8
		③〈語気を表わす助詞〉	1	mén	门	ドア，門	12
lèi	累	疲れる	6	míngzi	名字	名前	3
lěng	冷	寒い	復	míngnián	明年	来年	12
lí	离	（隔たりとしての）〜から	復	míngtiān	明天	明日	4
lǐwù	礼物	プレゼント	11			**N**	
lìshǐ	历史	歴史	4				
li	里	〜の中	2	ná	拿	（手に）持つ，（手で）取る	7
liánhuānhuì	联欢会	コンパ，交歓会	8				
liángkuai	凉快	涼しい（↔nuǎnhuo 暖		názǒu	拿走	（手で）持って行く	11

67

pinyin	中文	日本語	欄
nǎr	哪儿	どこ	復
nà	那	① あの，あれ	
		② それでは	1
nàbiān	那边	あちら側，向こう側	6
nàme	那么	あんなに，そのような	重
nàr	那儿	あそこ，そこ	1
nàshí	那时	あのとき，当時	手
nán	男	男（の）	中
nán	难	① 難しい	
		② ～しにくい	5
ne	呢	①〈省略疑問〉～は？	復
		②〈動作の進行〉～している	復
		③〈状態の持続〉～している，～してある	7
		④〈疑問詞疑問文の文末に用いる〉	2
něige（nǎge）	哪个	どれ，どちら	復
nèige（nàge）	那个	あの，あれ	復
néng	能	（能力的・条件的に）できる	復
nǐ	你	あなた	復
nǐmen	你们	あなたたち	復
nián	年	～年，～年間	復
niánjí	年级	学年（"二年级"2年生）	中
niàn	念	音読する	復
nín	您	〈"你"の敬称〉あなた	4
nǚ	女	女（の）	中

P

pinyin	中文	日本語	欄
pá	爬	登る	4
pà	怕	恐れる，（～に）弱い	9
pángbiān	旁边	そば，横	6
pǎobù	跑步	ジョギングをする	10
péngyou	朋友	友だち	復
piányi	便宜	安い	復
piào	票	チケット，切符	7
piàoliang	漂亮	（人や物が）きれいだ	8
pīnyīn	拼音	ピンイン	5

Q

pinyin	中文	日本語	欄
qí	骑	（自転車などに）乗る	3
qǐ	起	起きる	8
qǐbulái	起不来	起きられない	10
qǐ chuáng	起床	起床する	4
qǐlai	起来	起きあがる	8
qìchē	汽车	車	2
qiān	千	千	4
qián	钱	お金	復
qīngchu	清楚	はっきりしている	9
qǐng	请	どうぞ（～してください）	復
qǐng kè	请客	おごる，客を招待する	9
qù	去	① 行く	復
		②〈方向補語として用いる〉	8
qùnián	去年	去年	復

R

pinyin	中文	日本語	欄
ràng	让	①〈使役〉～させる，～するように言う	8
		②〈受身〉～される	11
rè	热	暑い	復
rènao	热闹	にぎやかである	6
rén	人	人間，人	7
rènshi	认识	知りあう，見知っている	3
Rìběn	日本	日本	1
Rìběncài	日本菜	日本料理	中
Rìběnrén	日本人	日本人	復
Rìwén	日文	日本語	11
Rìyǔ	日语	日本語	復
róngyì	容易	① やさしい	復
		② ～しやすい	5
ròu	肉	肉	9

S

pinyin	中文	日本語	欄
shāngchǎng	商场	デパート，マーケット	6
shàng	上	① あがる	8
		② 前の（↔xià 下）	1
shang	上	～の上	6
Shànghǎi	上海	上海（シャン はい）	3
Shànghǎirén	上海人	上海の人	2
shàng kè	上课	授業に出る，授業が始まる	復
shànglai	上来	あがって来る	8
shàngqu	上去	あがって行く	8
shǎo	少	少ない	復
shéi	谁	だれ	復

pinyin	中文	日本語	課
shēntǐ	身体	からだ	10
shēn	深	深い (↔qiǎn 浅)	手
shénme	什么	なに, どんな	復
shénme shíhou	什么时候	いつ	復
shēnghuó	生活	生活	10
shēngyúpiàn	生鱼片	刺身	中
shíhou	时候	とき	5
shíjiān	时间	時間	4
shízhuāng	时装	ファッション	8
shì	事	事, 用事	2
shì	是	① ～である	復
		②〈肯定の返事〉はい	4
		③〈"是～的"として, 動作の時・所・方法などを強調する〉	復
		④〈確認する語気を表わす〉(確かに)～だ	10
shì ma	是吗	そうですか	3
shǒujī	手机	携帯電話	7
shǒuzhǐ	手纸	トイレット・ペーパー	5
shòu	受	受ける ("受欢迎"歓迎される, 人気がある)	11
shū	书	本	復
shūfu	舒服	気持ちいい, 心地よい	10
shǔjià	暑假	夏休み	3
Shuǐhǔzhuàn	水浒传	水滸伝(すいこでん)	11
shuì	睡	眠る	復
shuìbuhǎo	睡不好	よく眠れない	9
shuì jiào	睡觉	眠る	4
shùnlì	顺利	順調である	手
shuō	说	言う, 話す	復
shuōbudìng	说不定	はっきり言えない	12
sīchóu	丝绸	シルク	8
sòng	送	① 贈る	8
		② 見送る	1
suíbiàn	随便	自由に, 勝手に	9
suì	岁	～歳	12
suǒyǐ	所以	そのため, だから	2

T

pinyin	中文	日本語	課
tā	他	彼	復
tā	她	彼女	復
tāmen	他们	彼ら	2
tāmen	她们	彼女たち	2
Táiwān	台湾	台湾(たいわん)	6
tài～le	太～了	あまりに～だ	1
tàijíquán	太极拳	太極拳	10
tèbié	特别	特に	5
téng	疼	痛い	1
tì	替	～に代わる	8
tiān	天	～日間	復
tiānqì	天气	天気	1
tiān	添	付け加える ("添麻烦" 面倒をかける)	手
tiáo	条	〈細長い物を数える助数詞〉	8
tiē	贴	貼る	12
tīng	听	聞く	復
tīngbuqīngchu	听不清楚	はっきり聞こえない	9
tīngdeqīngchu	听得清楚	はっきり聞こえる	9
tīngshuō	听说	聞くところによると	4
tóngxué	同学	同級生, 同窓生	3
tōu	偷	盗む	11
tóu	头	頭	1
túshūguǎn	图书馆	図書館	11

W

pinyin	中文	日本語	課
wàibian	外边	外 (↔lǐbian 里边)	11
wán	完	終わる	5
wánquán	完全	完全に	7
wánr	玩儿	遊ぶ	復
wǎn	晚	(時間的に)遅い	復
wǎnshang	晚上	夜	8
wǎngqiú	网球	テニス	10
wàng	忘	忘れる	4
wéijīn	围巾	スカーフ, マフラー	8
wèile	为了	～のために	10
wèishénme	为什么	なぜ, どうして	2
wèi	位	〈人を数える助数詞; 敬意を含む〉	10
wèn	问	尋ねる, 質問する	復
wèn hǎo	问好	よろしく言う	手
wèntí	问题	問題, 質問	8
wǒ	我	私	復
wǒmen	我们	私たち	復
wūlóngchá	乌龙茶	ウーロン茶	2

X

pinyin	中文	日本語	課
xī yān	吸烟	タバコを吸う	1

69

xīwàng	希望	希望する	手
xíguàn	习惯	慣れる，習慣	10
xǐ	洗	洗う	復
xǐhuan	喜欢	好きである	復
xià	下	① 下りる	8
		② 次の（↔shàng 上）	1
xiàlai	下来	下りて来る	8
xiàqu	下去	① 下りて行く	8
		② 続けていく	10
xià kè	下课	授業が終わる	12
xià yǔ	下雨	雨が降る	4
xiān	先	まず，とりあえず	3
xiànzài	现在	現在，いま	復
xiāng	香	（味や香りが）いい	2
Xiānggǎng	香港	香港（ほんこん）	7
xiǎng	想	〜したい	復
xiàng	向	〜に向かって	手
xiàng	像	似ている	3
xiāoxi	消息	ニュース，知らせ	6
xiǎo	小	小さい	復
Xiǎo	小	〈若い人の名字の前につけて親しみを表わす〉	1
xiǎochī	小吃	軽食	6
xiǎojie	小姐	〈若い女性に対する敬称，女店員に対する呼びかけ語〉	8
xiǎoshí	小时	〜時間	復
xiǎoshuō	小说	小説	11
xiǎoxīn	小心	気をつける，用心する	5
xiě	写	書く	復
xiěbuwán	写不完	書き終ることができない	9
xiědewán	写得完	書き終ることができる	9
xièxie	谢谢	ありがとう，〜に感謝する	1
xīnwén	新闻	（報道の）ニュース	中
xìn	信	手紙	12
xīngqī	星期	週，曜日	復
xīngqītiān	星期天	日曜日	4
xíng	行	よろしい，大丈夫だ	5
xìng	姓	名字，姓は〜である	復
xiūxi	休息	休む，休憩する	復
xué	学	学ぶ，習う	復
xuésheng	学生	学生	復
xuéxí	学习	勉強（する）	復

Y

yān	烟	たばこ	1
yánsè	颜色	色	8
yǎn	演	演じる	7
yǎng	养	飼う，育てる	8
yào	要	① 欲しい，必要とする	復
		② 〜しなければならない	1
yào 〜 le	要〜了	もうすぐ〜だ	12
yàoshi	要是	もし〜ならば	5
yào	药	薬（"吃药"薬を飲む）	4
yě	也	〜もまた	復
yī	一	① 1	復
		② ちょっと，少し	7
yìbān	一般	一般に，普通	2
yìbiānr〜yìbiānr〜	一边儿〜一边儿〜 〜しながら〜する		6
yìdiǎnr	一点儿	（量的に・比較して）少し	1
yídìng	一定	必ず，きっと	10
yíhuìr	一会儿	ちょっとの間，しばらく	6
yílùshang	一路上	道中	4
yìqǐ	一起	いっしょに	復
yíxià	一下	ちょっと〜する	復
yìxiē	一些	少し，いくつかの	6
yíyàng	一样	同じである	5
yìzhí	一直	まっすぐに，ずっと	手
yīfu	衣服	服	1
yǐjing	已经	すでに	4
yǐhòu	以后	以後，〜の後	中
yǐqián	以前	以前，〜の前	復
yìsi	意思	意味	5
yīnwèi	因为	〜なので，なぜなら	2
yīnyuè	音乐	音楽	6
yǐnliào	饮料	飲み物	6
yìnxiàng	印象	印象	手
yīnggāi	应该	（当然）〜しなければならない	4
Yīngyǔ	英语	英語	復
yòng	用	使う，用いる	8
yóu yǒng	游泳	泳ぐ	10
yǒu	有	①〈所有〉持っている，ある	復
		②〈存在〉ある，いる	6
		③〈不定のものを提示	

		する〉ある～	5
yǒudiǎnr	有点儿	少し，どうも	5
yǒushíhou	有时候	時には	10
yǒuxiē	有些	ある一部（の）	5
yǒu yìsi	有意思	面白い	6
yòu	又	また	7
yòu～yòu～	又～又～	～でもあり～でもある	6
yú	鱼	魚	9
yúkuài	愉快	愉快である，楽しい	手
yǔ	雨	雨（"下雨"雨が降る）	4
yǔsǎn	雨伞	雨傘	8
yuánliàng	原谅	許す	手
yuǎn	远	遠い	復
yuè	月	（時間の単位）月	1

Z

zázhì	杂志	雑誌	11
zài	再	①再び，もう一度	7
		②（～して）それから	7
zàijiàn	再见	さようなら	1
zài	在	①〈存在〉ある，いる	復
		②（ある場所）～で，～に	復
		③〈動作の進行〉～している	復
		④〈結果補語〉～して～にとどまる	11
zánmen	咱们	私たち（聞き手を含める）	4
zǎo	早	（時間的に）早い	復
zǎofàn	早饭	朝食（"午饭" wǔfàn 昼食，"晚饭" wǎnfàn 夕食）	4
zǎoshang	早上	朝	10
zěnme	怎么	①どのように	3
		②なぜ，どうして	復
zěnmeyàng	怎么样	①どうですか	復
		②（同意を求める）～したらどうですか	復
zhāng	张	〈平らたくて薄いものを数える助数詞〉	7
zháojí	着急	焦る	11
zhǎo	找	さがす，訪ねる	5
zhǎodào	找到	さがしあてる	5
zhǎobudào	找不到	みつけられない	11

zhào	照	撮る	3
zhàopiàn	照片	写真	3
zhàoxiàngjī	照相机	カメラ	12
zhè	这	この，これ	復
zhème	这么	このように	2
zhèr	这儿	ここ	1
zhe	着	〈状態の持続〉～している，～してある	7
zhèicì	这次	今度，今回	手
zhèige (zhège)	这个	この，これ	復
zhèixiē	这些	これらの，これら	7
zhēn	真	実に，確かに	復
zhēnde	真的	本当だ（の）	3
zhèng	正	ちょうど（～している）	3
zhèng	挣	かせぐ	12
zhīdao	知道	（事実を）知っている	2
Zhōngguó	中国	中国	復
Zhōngguócài	中国菜	中国料理	9
Zhōngwén	中文	中国語	5
zhōngwǔ	中午	正午	4
zhǒng	种	種，種類	8
zhù	住	住む，泊まる	1
zhù	祝	祈る	1
zhuānyè	专业	専攻学科	中
zhuōzi	桌子	机，テーブル	11
zì	字	字	5
zìjǐ	自己	自分	9
zìxíngchē	自行车	自転車	3
zǒu	走	①歩く（"跑" pǎo 走る）	復
		②（離れて）行く，出発する	4
zuì	最	最も，この上なく	2
zuìjìn	最近	最近	8
zuótiān	昨天	きのう	復
zuò	坐	①座る	2
		②（乗り物に）乗る	3
zuòyè	作业	宿題	12
zuò	做	①作る	3
		②（仕事や活動を）する，やる	8
zuòbuhǎo	做不好	うまく作れない，きちんとできない	9
zuòdehǎo	做得好	うまく作れる，きちんとできる	9

実力アップ・トレーニング

第 1 课

① CD を聞き，次の質問に対する答えとして適切なものを(a)〜(c)の中から選びましょう。　CD 63

(1) 吉田什么时候去的北京？　CD 64
　(a)　　　　　　　　(b)　　　　　　　　(c)

(2) 吉田跟谁一起看的京剧？
　(a)　　　　　　　　(b)　　　　　　　　(c)

(3) 吉田在北京玩儿得怎么样？
　(a)　　　　　　　　(b)　　　　　　　　(c)

② 中国語に訳しましょう。

(1) あなたは買う必要がありません，私があなたに買ってあげてもいいです。

(2) 私が住んでいる所は病院が少ない。　　　　　　　　　　* 病院（医院 yīyuàn）

第 2 课

① CD の質問に対する答えとして，適切なものを選びましょう。　CD 65

(1)
　(a) 花茶很香。　　(b) 乌龙茶也有好的。　　(c) 日本茶。

(2)
　(a) 这是花茶，多喝点儿吧。　(b) 我每天都想喝茶。　(c) 日本也有这么香的茶。

(3)
　(a) 东京的茶很好喝。　(b) 东京可以喝茶的地方很多。　(c) 东京人喜欢喝乌龙茶。

② 中国語に訳しましょう。

(1) 今は授業がないので，私はアルバイトができます。

(2) 私はアメリカにとても行きたいのですが，父が承知しません。　　* 承知する（答应 dāying）

第 3 课

① CD を聞き，次の質問に対する答えとして適切なものを(a)～(c)の中から選びましょう。　CD 66

(1) 王新是哪个大学的学生？　CD 67
　　(a)　　　　　　　　(b)　　　　　　　　(c)

(2) 昨天谁打电话了？
　　(a)　　　　　　　　(b)　　　　　　　　(c)

(3) 王新在电话里说什么？
　　(a)　　　　　　　　(b)　　　　　　　　(c)

② 中国語に訳しましょう。

(1) 私はしょっちゅう友だちといっしょに旅行します。

---

(2) あなたは日本語を話すのがどうしてこんなに上手なのですか。

第 4 课

① CD を聞き，次の質問に対する答えとして適切なものを(a)～(c)の中から選びましょう。　CD 68

(1) 吉田每天怎么去大学？　CD 69
　　(a)　　　　　　　　(b)　　　　　　　　(c)

(2) 他家离大学远不远？
　　(a)　　　　　　　　(b)　　　　　　　　(c)

(3) 吉田到了大学，先干什么？
　　(a)　　　　　　　　(b)　　　　　　　　(c)

② 中国語に訳しましょう。

(1) あなたがホテルに着いたら，まず私に電話をください。　　　＊ ホテル（饭店 fàndiàn）

---

(2) 明日私は用事があるので，野球をすることができなくなりました。

75

第 5 课

1 CDの質問に対する答えとして，適切なものを選びましょう。　　　　　　　　　　CD 70

(1)
　　(a)　我能看懂中文书。　　(b)　有些能听懂，有些还不行。　　(c)　我不认识他。

(2)
　　(a)　这个字容易念错。　　(b)　这个字跟日本的汉字不一样。　　(c)　我也不知道应该怎么念。

(3)
　　(a)　我想去中国旅游。　　(b)　我最想去上海。　　(c)　我还没去过北京。

2 中国語に訳しましょう。

(1)　先生が言った中国語を，あなたは聞いてわかりましたか。

------

(2)　もし明日天気がよければ，私たちは遊園地に遊びに行きましょう。　　＊遊園地（游乐园 yóulèyuán）

第 6 课

1 CDを聞き，次の質問に対する答えとして適切なものを(a)～(c)の中から選びましょう。　CD 71

(1)　吉田家附近开了一家什么店？　　　　　　　　　　　　　　　　　　　　　　CD 72
　　(a)　　　　　　　　(b)　　　　　　　　(c)

(2)　这家商场的东西怎么样？
　　(a)　　　　　　　　(b)　　　　　　　　(c)

(3)　哪儿人最多？
　　(a)　　　　　　　　(b)　　　　　　　　(c)

2 中国語に訳しましょう。

(1)　中国にも日本のファーストフード店はありますか。

------

(2)　どこのデパートに買い物に行ったら一番便利ですか。

第 7 课

① CDの質問に対する答えとして，適切なものを(a)～(c)の中から選びましょう。　CD 73

(1)
    (a)　　　　　　　　(b)　　　　　　　　(c)
(2)
    (a)　　　　　　　　(b)　　　　　　　　(c)
(3)
    (a)　　　　　　　　(b)　　　　　　　　(c)

② 中国語に訳しましょう。

(1) 私の家はそこから遠くなく，歩いて行けば5分しかかかりません。

　　_____

(2) あなたの病気はまだよくなっていないので，気をつけなければなりません。

　　_____

第 8 课

① CDを聞き，次の質問に対する答えとして適切なものを(a)～(c)の中から選びましょう。　CD 74

(1) 去中国旅游，买东西的人多不多？　CD 75
    (a)　　　　　　　　(b)　　　　　　　　(c)
(2) 他们买的东西是干什么用的？
    (a)　　　　　　　　(b)　　　　　　　　(c)
(3) 有些人买的衣服是用什么做的？
    (a)　　　　　　　　(b)　　　　　　　　(c)

② 中国語に訳しましょう。

(1) 王さんは出かけました，まだ帰って来ていません。

　　_____

(2) 先ほどあなたのお姉さんからあなたが彼女に電話をするように言われました。

　　_____

第 9 課

1 CD の質問に対する答えとして，適切なものを(a)～(c)の中から選びましょう。　CD 76

(1)
    (a)　　　　　　　　　(b)　　　　　　　　　(c)

(2)
    (a)　　　　　　　　　(b)　　　　　　　　　(c)

(3)
    (a)　　　　　　　　　(b)　　　　　　　　　(c)

2 中国語に訳しましょう。

(1) 私はメニューを見てもわからないので，代わりに注文してください。

----

(2) いつでも結構ですから，遊びに来てください。

第 10 課

1 CD を聞き，次の質問に対する答えとして適切なものを(a)～(c)の中から選びましょう。　CD 77

(1) 吉田的老师早上起来以后，先去干什么？　CD 78
    (a)　　　　　　　　　(b)　　　　　　　　　(c)

(2) 他多大开始打太极拳的？
    (a)　　　　　　　　　(b)　　　　　　　　　(c)

(3) 老师想不想教吉田学太极拳？
    (a)　　　　　　　　　(b)　　　　　　　　　(c)

2 中国語に訳しましょう。

(1) 車の運転を習うため，私は先月2千元を使いました。　＊使う（花 huā）

----

(2) 私たちは長い間待っていますが，車はどうしてまだ来ないのでしょうか。

第 11 课

1. CDの質問に対する答えとして，適切なものを(a)〜(c)の中から選びましょう。　CD 79

(1)
　(a)　　　　　　　　(b)　　　　　　　　(c)

(2)
　(a)　　　　　　　　(b)　　　　　　　　(c)

(3)
　(a)　　　　　　　　(b)　　　　　　　　(c)

2. 中国語に訳しましょう。

(1) 私は大学の近くに住んでいるので，通学は便利です。　　　＊ 通学する（上学 shàng xué）

------

(2) 中国語の辞書がなくなりました，誰かに持って行かれたのかもしれません。

第 12 课

1. CDを聞き，次の質問に対する答えとして適切なものを(a)〜(c)の中から選びましょう。　CD 80

(1) 过春节的时候，北京人在家里干什么？　CD 81
　(a)　　　　　　　　(b)　　　　　　　　(c)

(2) 到了晚上，一般的人都喜欢干什么？
　(a)　　　　　　　　(b)　　　　　　　　(c)

(3) 北京人一般什么时候睡觉？
　(a)　　　　　　　　(b)　　　　　　　　(c)

2. 中国語に訳しましょう。

(1) もうすぐ春節になりますが，あなたはどう過ごす予定ですか。

------

(2) 彼は李さんから送られてきた手紙を学校に持って来た。　　　＊ 送ってくる（寄来 jìlai）

略　歴

竹島金吾（たけしま　きんご）
　1919年生。北京大学卒。中国語学・文学専攻。

尹　景春（いん　けいしゅん）
　1957年生。上海外国語大学卒。一橋大学大学院博士課程（退学）。
　早稲田大学教授。

竹島　毅（たけしま　つよし）
　1959年生。日本大学大学院修士課程修了。中国語学専攻。
　大東文化大学教授。

《新版》中国語 さらなる一歩

2002年 3 月10日　第 1 刷発行
2025年 3 月10日　第54刷発行

監修者　竹　島　金　吾
著　者ⓒ　尹　　　景　春
　　　　竹　島　　　毅
発行者　岩　堀　雅　己
印刷所　倉敷印刷株式会社

発行所　101-0052 東京都千代田区神田小川町 3 の24
　　　　電話 03-3291-7811（営業部），7821（編集部）　株式会社　白水社
　　　　www.hakusuisha.co.jp
　　　　乱丁・落丁本は、送料小社負担にてお取り替えいたします。

振替 00190-5-33228　　Printed in Japan　　誠製本株式会社

ISBN978-4-560-06905-9

▷本書のスキャン、デジタル化等の無断複製は著作権法上での例外を除き禁じられています。本書を代行業者等の第三者に依頼してスキャンやデジタル化することはたとえ個人や家庭内での利用であっても著作権法上認められていません。

北京

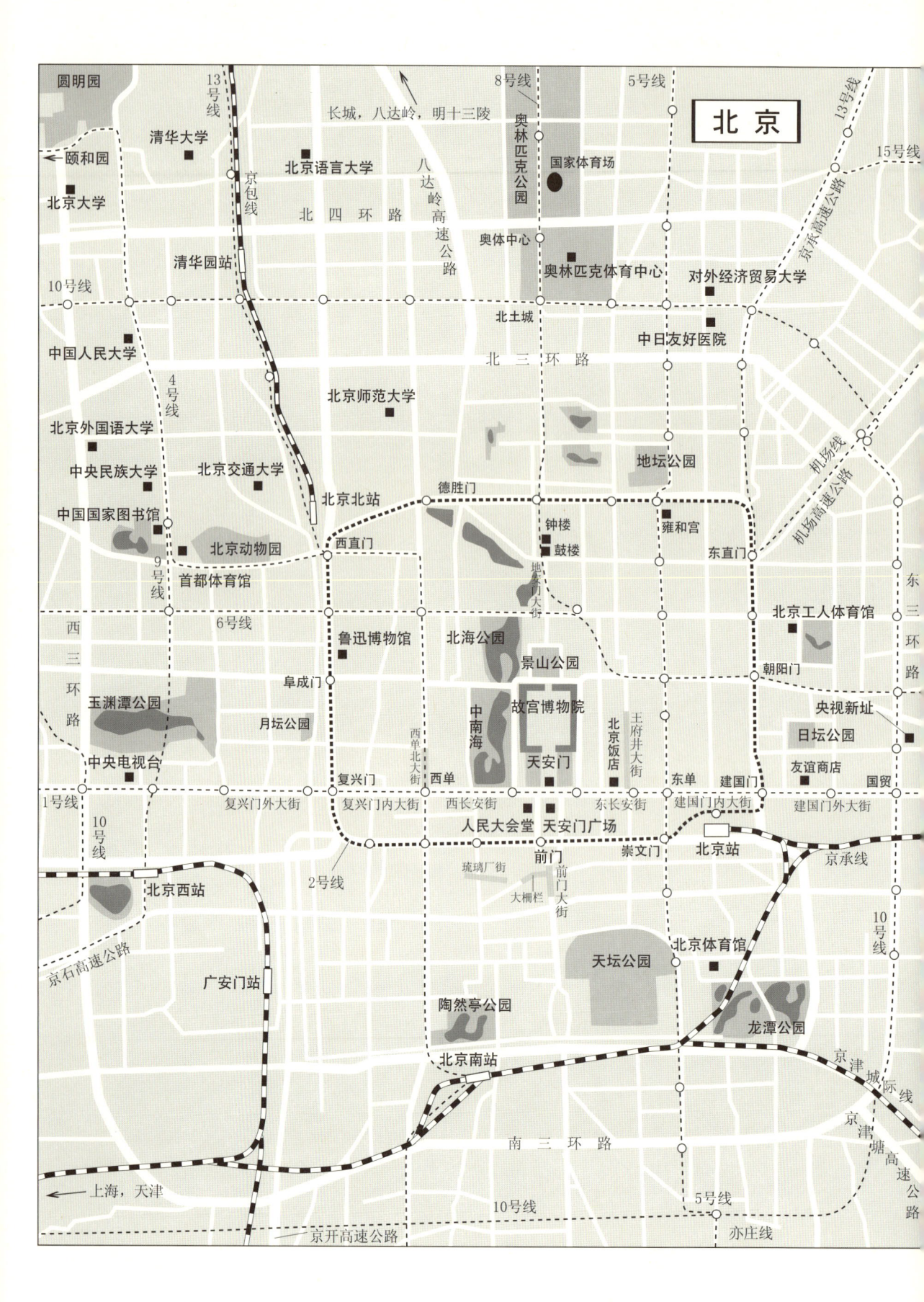

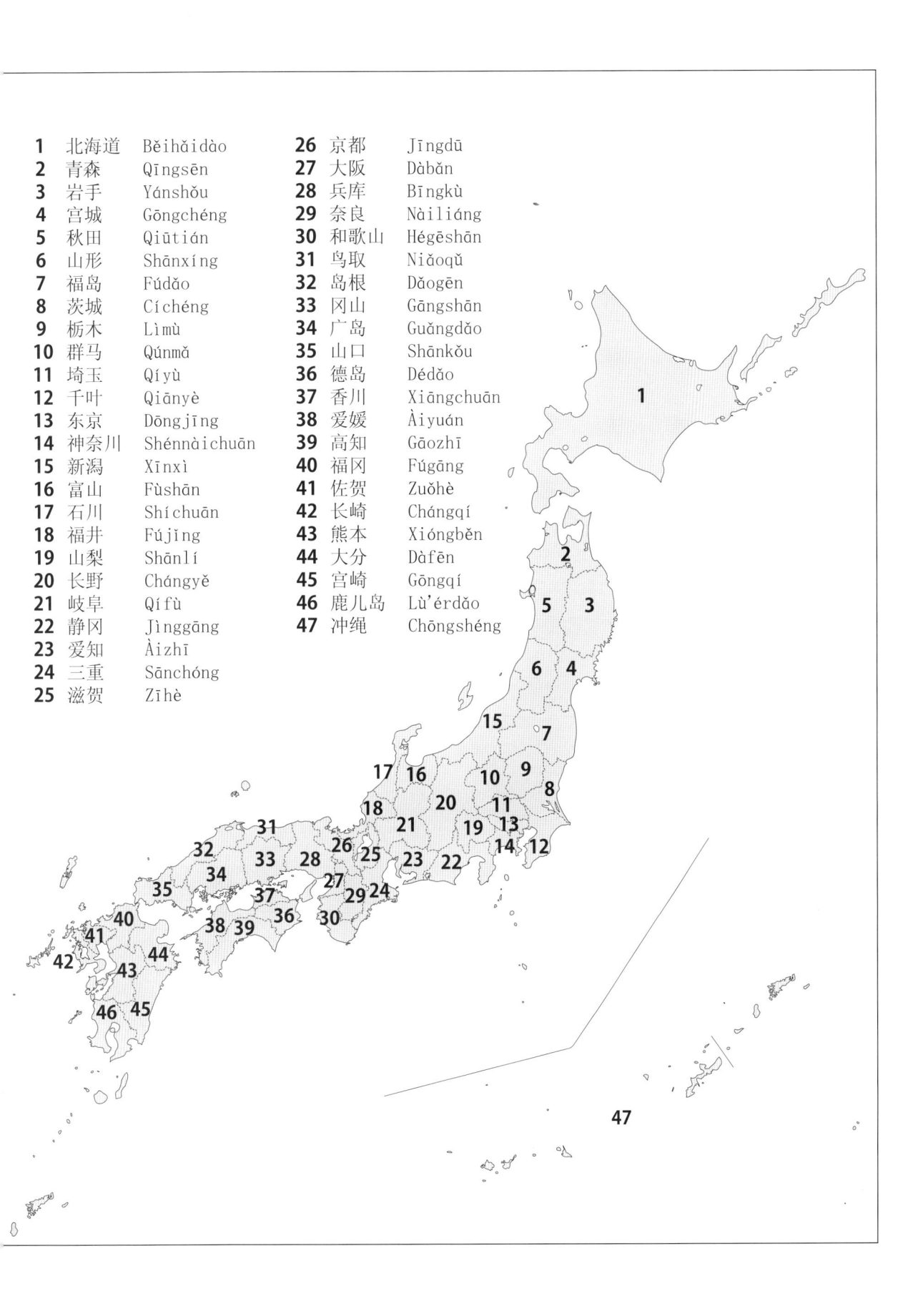

#	汉字	拼音	#	汉字	拼音
1	北海道	Běihǎidào	26	京都	Jīngdū
2	青森	Qīngsēn	27	大阪	Dàbǎn
3	岩手	Yánshǒu	28	兵库	Bīngkù
4	宫城	Gōngchéng	29	奈良	Nàiliáng
5	秋田	Qiūtián	30	和歌山	Hégēshān
6	山形	Shānxíng	31	鸟取	Niǎoqǔ
7	福岛	Fúdǎo	32	岛根	Dǎogēn
8	茨城	Cíchéng	33	冈山	Gāngshān
9	栃木	Lìmù	34	广岛	Guǎngdǎo
10	群马	Qúnmǎ	35	山口	Shānkǒu
11	埼玉	Qíyù	36	德岛	Dédǎo
12	千叶	Qiānyè	37	香川	Xiāngchuān
13	东京	Dōngjīng	38	爱媛	Àiyuán
14	神奈川	Shénnàichuān	39	高知	Gāozhī
15	新潟	Xīnxì	40	福冈	Fúgāng
16	富山	Fùshān	41	佐贺	Zuǒhè
17	石川	Shíchuān	42	长崎	Chángqí
18	福井	Fújǐng	43	熊本	Xióngběn
19	山梨	Shānlí	44	大分	Dàfēn
20	长野	Chángyě	45	宫崎	Gōngqí
21	岐阜	Qífù	46	鹿儿岛	Lù'érdǎo
22	静冈	Jìnggāng	47	冲绳	Chōngshéng
23	爱知	Àizhī			
24	三重	Sānchóng			
25	滋贺	Zīhè			